33 leçons de philosophie
par et pour les mauvais garçons

DU MÊME AUTEUR

chez le même éditeur

La Zonzon, 2011

Alain Guyard

33 leçons de philosophie par et pour les mauvais garçons

le dilettante
19, rue Racine
Paris 6e

ISBN 978-2-84263-773-6

Pour Faustine et Marceau,
Bons enfants.

Eh ben elle est gaie, elle est jolie…
Ah elle est propre, la philosophie !…

Garance, jouée par Arletty
Les Enfants du paradis
(Marcel Carné, 1945)

Avertissement

Jamais je serai foutu d'écrire un livre de philosophie. Déjà ma thèse, je l'ai pas finie... Sur l'alchimie, elle portait ma thèse, à Dijon, l'or philosophal, l'art et la manière de convertir le plomb en or, tout ça... Avec madame Bonnemine en directrice de thèse... Qu'elle était gentille, madame Bonnemine ! sémillante, sautillante, pétillante ! Et guillerette avec ça ! Toujours la bonne humeur, toujours se mettant en quatre pour ses étudiants, jamais notant sous la moyenne... Mais ça va cinq minutes de chercher l'or du temps dans des pages et des pages, ça débouche sur rien que des mots... Moi, en attendant, j'avais dégotté un petit pactole pour faire le chercheur, boucler ma thèse et puis la soutenir devant un parterre de grigous à besicles. Je voyais le joli pacsif d'oseille à ma gauche, le tas malingre de feuilles noircies de l'autre... Il m'est venu une idée toute salingue... Au début, je l'ai repoussée... Mais la nuit, je me réveillais, et je voyais tout l'artiche, les chiffres avec les zéros d'un côté et de l'autre mes papelards griffonnés sur Nicolas Flamel, le Sieur de la Violette, Van Helmont, Novalis, Bachelard… Alors un beau jour, plutôt que de m'embrener à enfiler des mots à la queue leu leu et laisser croire que l'or, j'allais le trouver au bout de la phrase, j'ai mis les adjas avec toute la thune… J'ai pas demandé mon reste. J'ai balancé les cinq cents pages à la poubelle et adieu l'alchimie, adieu Bonnemine, adieu la carrière et les ors de l'université. Ni vu ni connu, j't'embrouille!… Je raconte ça, mais je m'en fous, y a prescription. C'était dans une autre vie…

J'ai tenté à nouveau, depuis, d'écrire de la philosophie. De débiter du bifteck taillé dans l'abstraction. De singer celui pour qui les idées c'est du dur, du noué. Mais c'est plus fort que moi, j'ai la cosse… Le stylo me tombe des pattes… J'ai l'impression que plus je réfléchis loin du sol, plus je monte dans les altitudes pour jouer à l'aérostat, plus je tourne coussin péteur… De la philo bien sûr que j'en fais, mais sans l'écrire. Je fais un peu le philosophe forain, parfois plutôt foireux… « Bonimenteur de métaphysique, décravateur de concepts », jolie carte de visite… M'arrive aussi de jouer au cracheur de feu spirituel pour attirer la clille… Voire au pétomane mental en désespoir de cause… Mais théoriser sur des pages, point…

Je les vois bien, les autres, qui se pavanent, qui tètent à la mamelle d'Athéna. Ils trempent leur plume au même lait et t'en pissent des copies… Je ne sais pas comment ils font… Mais je ne les jalouse pas, ils me débectent un peu avec leur aisance, c'est tout… Moi je fais comme tout le monde. J'allume ma télé. Je feuillette les imprimés au cabinet du docteur… Et je ne peux pas manquer de tomber sur eux, les bellâtres encostardés qui jouent les caniches mondains dans les soirées parisiennes. Les caves précieux et maniérés qui michetonnent dans les volières à ribaudes sur les plateaux télé. Ou les petits crevés au teint hâve, tout juste pondus de l'université qui font dans le concept avec des mines et des soupirs de rosière s'agaçant la framboise… Je sais bien pourquoi ils me courent sur le haricot, tous… Quand je les vois philosopher, c'est comme si je voyais des petits clébards en train de se renifler la rondelle un jour de concours canin. La phrase bien troussée ou la référence heureuse, ils s'en foutent qu'elle approche le Bien, le Vrai, le Juste, le Bon… C'est rien que des messages olfactifs, du sémaphore anal à l'usage des autres petits salonnards… En plus ils sont faciles à repérer dans les cafés-philo, les émissions littéraires ou les tables rondes de binoclards. Tous ces michetons du concept, ils ont le cul dressé, et ils jappent de plus belle pour qu'on s'approche de leur fondement. Ils veulent qu'on les hume et qu'on les reconnaisse comme appartenant à la belle fraternité des philosophes. Et ils sont tellement faciles à entendre, ces yorkshires de la pensée, quand ils jappent tout alentour :

« Sentez-vous bien ma crème d'oigne, cher confrère ? Humez-vous ce doux fumet de métaphysique qui sort droit du siège de mon âme ? Prenez !… Mais prenez donc à pleins poumons mes émanations culières !… Là… là, cela est bel et bon… Mais je vous en prie, cher collègue, fourrez mieux la truffe, n'ayez crainte… Depuis le temps que je concours à tous ces salons où il faut faire montre de souplesse et de métaphysique, j'ai l'anneau extensible et parfumé!... Sentez-vous la hardiesse de mes positions?... Tenez, tenez, là, là, bel impatient!... Je vous tends mon cul pour que vous y cueilliez ma science... Et observez donc comme nous sommes semblables!... Je suis chien, comme vous, et me pique de philosophie, comme vous, avec d'autres espèces qui n'ont ni maître ni laisse, tels les loups ou les félins... Mais humez mieux, humez mieux vous dis-je... Sentez-vous comme je cite bien mon Kant, mon Marx et mon Bourdieu? »

Et l'autre, tamponnant voluptueusement son blair au fion du premier, de se délecter et de répondre d'une voix gourmande :

« Oh!... Ci-fait mon ami! Que votre philosophie est subtile, que ses fragrances sont douces!... Et figurez-vous que j'y sens un bouquet qui est le mien aussi!... Car vous avez le cul philosophe, croyez-m'en, c'est un fait, mais figurez-vous que je l'ai tout autant... Quoi? Vous en voulez la preuve?... Mais tenez, tenez, approchez-vous que je me tourne!... Tournez-vous que je m'approche! Et prenez, vous aussi, à pleines éponges, la fragrance de mes pensées tout enfouies dans mon derche... »

Depuis mon temps à moi, c'est incroyable comme la philosophie est devenue *tendance*. À mon époque, on n'en pratiquait guère, on en parlait peu. Ça faisait doucement rigoler, un peu peur aussi... Sur les bancs de l'université, y avait des cacochymes qui achevaient des hagiographies infinitésimales, de très théologiques entrouducuteries, des ergoteries papales qui sentaient la pisse et le missel. Et des plus jeunes aussi, des torzingues complètement envapés, des chichonneurs, des nymphomanes, des illuminés... Et puis y avait les enragés qui militaient chez les lambertistes ou à la FA chez les anars. Eux, ils écoutaient de la musique instrumentale de casse-couilles. Et puis aussi des petits binoclards malingres encore habillés par maman, qui rasaient les murs, sentaient l'aigre et convertissaient toute leur libido dans les bouquins… Quel joli défilé, à la sortie des amphis ! On aurait dit l'heure de promenade à la Salpêtrière devant le pavillon Charcot… Maintenant, elle s'étale, la philosophie, affreusement normale, pétante de santé, sécurisée et vaccinée, et la peau douce. Elle frime en couverture d'hebdomadaires, s'exagère dans les débats en ville, s'épile la chatte… On n'en fait plus guère pour s'armer de férocité dans l'existence. C'est à rejoindre le troupeau peureux des mignons petits miroirs à putains, qu'elle sert aujourd'hui, la sucrée… Ah ! c'est qu'ils ont vite fait de garer leurs petites noix de fripons, les philosophes à la cervelle marloupine. Mais sous les enjolivements, les pampres et le volubilis, je la calcule fastoche, leur prière : « Sage Philosophie, protégez-moi des ordinaires et des innombrables, faites que les mots que j'énonce et que j'écris en parlant de Vous m'éloignent toujours plus des gens de mauvaise vie, et me rapprochent toujours plus de ceux de mauvaise foi. Amen. »

C'est ça, je crois, qui me met les abeilles… La philosophie confisquée par des cocottes et des minets… Qu'ils en fassent, de la philo d'aspartame, qu'ils en écrivent même si ça leur chante, j'en ai rien à branler… Mais qu'ils fassent pas croire qu'elle est interactive, fun et conviviale… C'est ça au fond qui me peine et m'encolère. Qu'on la rende *gentille*. Moi, je l'ai toujours aimée la philosophie, parce qu'elle est *méchante*, sans pitié ni complaisance, parce que la compagnie des philosophes m'a toujours ébranlé, foutu la tempête à la caboche, ravagé les petits conforts entre les oreilles… Et on parle aujourd'hui de goûter philo, d'atelier philo à la maternelle…

Combien j'en ai laissé, moi, des copains de la fac, au bout d'une corde ou dans les fossés ?… Léandre, qui travaillait sur Mircea Eliade… On était montés tout en haut de la tour Philippe-le-Bon par jour de grand vent. En haut, le zéph nous a cueillis méchant. Lui, Léandre, il était jaune, collé à la petite porte en bois. Il voulait pas s'approcher du tout du bord. « Le vide ça m'attire » qu'il disait en enfonçant ses ongles dans le bois de la lourde. À peine je me suis avancé qu'il m'a cramponné au bras, un vrai étau. Eh ben, tellement il avait peur du vide, sous la poutre maîtresse dans la ferme à ses parents, un jour il s'est cramponné le cou à une corde, mon copain Léandre… Et Jésus… Jésus qu'on l'appelait, rapport à sa dégaine. La barbe, des tongs en hiver comme en été, une liquette bleue ouverte jusqu'au bide. Jamais un mot plus haut que l'autre. Des copies qu'il rendait aux profs, Jésus, grosses comme des missels. Et mystique avec ça. Un jour, il est descendu en Italie, étudier la peinture du Quattrocento. Sans rien, ni sac, ni valoche. Que ses tongs, sa liquette bleu ciel et ses bouquins. On lui disait à Jésus, « Mais t'es dingue, t'as même pas pris des sous ! Comment que tu vas faire ? » Et lui, il murmurait : « Dieu y pourvoira. » Dieu ? De la merde, oui !… Dieu y a rien pourvu du tout. Jésus, au fond d'un fossé, on l'a retrouvé, vers les Alpes, tout abîmé de partout. Très malmené par des malfaisants qui courent toujours… Et d'autres encore, que je pourrais te raconter les sombres frasques. Mais ça va me foutre le bourdon dans le carafon… alors j'arrête… Y a pas plus radical que la conversion philosophique. Pas plus terrible. Râpeux… Et maintenant on veut en faire quoi? Une amusette pour jardin d'enfants?

Non. Tout ça, c'est des menteries qu'il faut confondre. La philosophie n'est pas une promenade de santé. On ne ressort pas indemne de la fréquentation des philosophes. Ils sont nocifs, dangereux à nos petits conforts intellectuels. D'ailleurs, c'est bien simple, les philosophes d'antan étaient tous des vraies épées, des mecs à la dure, honnis de l'ordre établi, gnières régulièrement soupçonnés par la flicaille, prenant systématiquement le rif contre la respectabilité ambiante. Et on voudrait en faire des copains de sortie dans un sushi bar?… De la vache enragée, qu'ils bouffaient, pas du poisson cru au riz blanc! Et toujours vivant au petit bonheur, ces fias, risquant de se faire enchtiber et passant parfois par la case mitard!… Et leur train de vie, aux philosophes pur jus, on n'en parle guère… Serait-ce pas qu'ils avaient bien du mal à trouver un peu de carbure mignon dans leur crapaud? Presque toujours bléchards dans des jours de mistoufle, qu'ils étaient cézigues! Mais bah!… c'est pas des choses qui risquent d'arriver aux nôtres, de philosophes, aux joues roses, replètes, aux mains soignées… Bientôt, tu verras, ils sous-titreront *Ainsi parlait Zarathoustra* pour des soirées karaoké! Et d'ailleurs, d'où qu'ils la prennent, leur fraîche, nos philosophes à la mords-moi'l?… Qui les paye, et à quoi?… Vendus! Pourris jusqu'à l'oigne, qu'ils sont tous en vérité!... Ah ça!... Sympathiques jeunes gens qui sentent venir l'assiette au beurre!...

Les philosophes miens, ils ont plus de points communs avec les coquillards et les mercelots qui battent l'antif à la noye qu'avec les *pauvres types* premier prix du concours général. Normal : l'histoire de la philosophie ressemble plus à une cour des Miracles qu'à un court de tennis. Et pourtant, la philosophie – faut-il le répéter? – n'est pas réservée qu'aux caves de la haute. Bien au contraire. Y a droit tout le populo, et peut-être même, dans icelui, les plus hardis, hargneux et véhéments pistolets, qui n'ont pas peur du sport. Car il faut, pour oser entrer en vraie philosophie, du froid dans les châsses et un réel tempérament de castagneur, celui-là même qui effraye le bourgeois et qui est l'unique propriété du mauvais garçon.

Alors voilà... l'objet de ces modestes feuillets est d'organiser la contrecarre et de foutre une sévère rebiffe à tous ces barbiquets débutants qui ont beau schpile de philosopher sans prendre de risque.

Sartre parlait des *salauds* et des *lâches*, pour repérer la voie du juste milieu, celle de l'homme *condamné à la liberté*. Moi, je te cause des *pauvres types* et des *mauvais garçons*. C'est moins la classe. Mais le lyrique ou le grandiloquent, j'y arrive pas. Je suis trop porté à la déconne, moi, à la philosophie de comptoir. Et en plus, voie du juste milieu, ça me fait trop penser à de l'entrouducutage.

Toutes les leçons rassemblées dans ce volume peuvent se lire indépendamment les unes des autres. Elles sont composées d'une première partie qui s'intitule « cours théorique ». J'y raconte la vie et la vision du monde de quelques philosophes illustres ou méconnus. Je théorise un peu... Mais rien de bien grave, c'est pas mon kif. Dès que je ferme les yeux pour me concentrer sur une idée, je vois du noir... Donc, à l'aise et sans angoisse, « cours théorique » veut pas dire aigreur à l'estomac, suée froide aux tempes et dictionnaire Lalande sur les genoux... Je laisse ça à d'autres, les réflexions, églogues, éloges et élégies. Et d'ailleurs, le grand Marc Aurèle *himself* l'avait déjà beuglé sur tous les tons : *Laisse là les livres. Ne te laisse plus distraire, cela ne t'est plus permis.* Exit, donc, les plaisants babils, les gloses et exégèses qui rapprochent toujours plus des bouquins et éloignent toujours plus du monde !... Et c'est pourquoi, après le « cours théorique » de chaque leçon, tu trouveras une deuxième partie. Je l'ai intitulée « travaux pratiques ». Peut-être ça fait moins peur que « cours théorique ». Tu me diras... Mais enfin, au moins, avec ça, tu pourras te livrer à quelques exercices pour passer de la théorie à la pratique et remonter de la pratique à la théorie, et ceci en variant les rythmes et la fréquence de tes aller-retour... Joli programme, n'est-ce pas mon cochon ?...

Leçon n° 1

Socrate, philosophe de comptoir

Cours théorique

N'en déplaise à tous les demi-sel en chemise échancrée et cheveux mi-longs, avec leurs allures de chichiteuses dames pipi du café de Flore, la philo n'est pas une affaire d'intellos. Son fondateur, Socrate, est un chômeur de longue durée, espèce de va-nu-pieds incapable de reprendre l'entreprise paternelle de taille de caillasses. Déchard jovial et bigame marié à une veuve de guerre et à une harpie, vivant aux crochets de ses poteaux, il courait le guilledou avec des moins de quinze ans et finira à l'ombre, pour une peine de trente jours qui s'achèvera sur son exécution. Osons donc la chose : la philo est née en prison et les premières retranscriptions des « dialogues socratiques » ne sont rien d'autre que des conversations de parloir.

De tout ça il faut se souvenir quand on essaye de comprendre ce que c'est que philosopher. Socrate est au mitard, condamné à mort. Or ses potes ont graissé la patte au bourreau, au surveillant d'étage, au dirlo. Même, ils ont arrangé une planque à Thèbes pour lui et toute sa raïa. La porte est ouverte, il n'a qu'à mettre les bouts. Mais le vieux décline l'offre :

« Rien à foutre, dit-il. J'ai soixante-dix piges au compteur, j'ai bien vécu, la Camarde a qu'à me prendre. Ça m'évitera la vue qui baisse, les dents qui tombent et les incontinences qui tacheraient ma jolie toge. Je reste. »

Chialeries de la bande de gniasses, tarlouzes rosées et énamourées. Mais rien n'y fait. Le vieux a choisi : l'État lui payera son euthanasie. Va pas croire ce que raconte Platon comme quoi il est resté par fidélité aux lois. Platon avait la gastro le jour de la mort du vieux roué. Lis plutôt Xénophon. Ses *Mémorables*. C'est marqué dedans, je te promets.

À propos, pourquoi il est tombé Socrate ? Premier chef d'inculpation : corruption de la jeunesse. Le vieux comptait dans sa bande trois beaux éphèbes qui tournèrent bandits d'État et crapules politicardes – Alcibiade, Critias et Charmide. « – À qui la faute ? – À Socrate ! » gueule-t-on sur tous les tons. Socrate leur maître, qui leur enseigna de haïssables vices. Mais manque de pot pour l'accusation : Socrate n'a jamais rien enseigné. Les dialogues socratiques se caractérisent justement par cela qu'ils finissent tous en eau de boudin et laissent les interlocuteurs en mal de révélations, de sagesse ou d'art de vivre. Gros-Jean comme devant. Socrate n'en avait rien à battre d'enseigner, et au contraire jouissait férocement de faire tourner bourrique les maîtres en son temps.

Second chef d'inculpation : contrefoutage des dieux de la cité et importation des dieux étrangers. Allez pas croire encore ce que disent les sorbonicoles. Toutes ces mèches flottantes vont vous charabiaser comme quoi Socrate dialoguait avec sa conscience. Soi-disant ses délibérations solitaires passaient aux yeux de ses contemporains pour des prières à des dieux invisibles... Conneries!... On sait maintenant que Socrate connaissait des secrets de rebouteux, gobait la lune les pieds dans la neige et les yeux à la retourne. Il savait les incantations destinées à faire avorter des donzelles imprudentes et à endormir les scorpions. Et ses techniques d'hypnose, il les combinait à des effets barnum pour berlurer le populo, et faire bouffer leur chapeau à tous les grossiums d'Athènes.

Et donc voilà. Socrate est un chômeur de longue durée, un jean-foutre vivant de la mendicité publique. Il retarde le moment de retrouver sa bourgeoise en zonant dans les claques avec une bande de tantes prépubères. Infoutu de produire la moindre philosophie, le moindre enseignement, il est incapable de former le moindre disciple. Héritier du chamanisme et des guérisseurs, il passe sa sainte journée à foutre en vrac ses interlocuteurs, à les halluciner et leur faire rendre gorge et boyaux de la tête avec des tours de prestidigitateur de foire agricole.

La question est : pourquoi fait-il ça? Et d'une, ça le fait jouir. Et de deux : il déteste les intellectuels et les penseurs – les philosophes on dirait aujourd'hui –, et il jouit d'autant plus de ridiculiser cette sale engeance qui adore parler de rien alors que la grande affaire est de savoir se taire sur tout.

Travaux pratiques

Démerde-toi pour taper l'incruste à des cafés-philo, à des philo-festivals, à toutes ces sortes de manifestations branchouilles, décontractées et pédantes où les philosophes font des mines et des ronds de jambe en public et derrière un micro. Anticipe bien le sujet à l'avance. Te fais pas de mouron : ça sera toujours *grosso merdo* la manière d'accéder au bonheur; la critique réformisto-couilles molles des marchés dérégulés; le recours à l'éthique; la valeur morale des religions; la sagesse comme art de vivre et tous ces genres de couillonnades... Prends bien garde à détonner question fringues pour que l'ennemi, qui tient le micro et prétend philosopher en *live*, te sous-estime et te prenne pour un loquedu. Pas de cheveux longs ou de veste décontractée. Endosse un survêt banlieusard, laisse-toi pousser une moustache de camionneur. Bois de la Kro à la bouteille alors qu'autour de toi, c'est verre de chardonnay, thé bergamote et compagnie. Fais-toi accompagner de deux ou trois marioles de même allure, si possible des Apaches *issus de la diversité*, car les bourgeois sont prêts à défendre la diversité mais redoutent de la rencontrer. Ris fort et parle haut. Puis, sans crier gare, prends la parole et ne la rends plus. L'objectif est de détruire systématiquement toutes les propositions philosophiques énoncées par le bellâtre, de les laminer. Ne lâche jamais le micro. Bats-toi s'il le faut physiquement pour le conserver. Aide-toi en ayant révisé la veille les dialogues de jeunesse de Platon, le bouquin de Rossetti sur la macro-rhétorique de Socrate et *L'Art d'avoir toujours raison* de Schopenhauer. L'objectif est de faire perdre à l'interlocuteur sa capacité à philosopher, *en utilisant le seul secours de la philosophie*. Sans doute voudra-t-il, dans un afflux de sang au cerveau, en venir aux mains. Mais gageons que tes manières de lascar échappé de cité de banlieue et les deux-trois mauvais garçons qui t'accompagnent l'auront vite fait renoncer à cette hasardeuse entreprise...

Leçon nº 2

Antisthène, roi de la baston

Cours théorique

La bataille fait rage sous le soleil de Tanagra, entre le Parnasse et l'Hélicon. Ça se lardasse à l'antique, au glaive et à la lance. Ça s'entr'égorge sans goût ni grâce, à sortir la boyasse d'un revers de sagaie comme on décoquille un escargot à la fourchette à deux dents. Ça se dégobe la cervelle du casque à grands coups de masse… Sous les pluies de flèches, de plombs de fronde et de caillasses, un griveton se distingue, malgré sa bâtardise, car l'homme n'est pas d'Athènes même s'il combat sous ses couleurs.

Antisthène, puisque c'est de lui qu'il s'agit, est un métèque. L'un des quarante mille bougnoules qui ont participé aux grands chantiers de la jeune démocratie grecque. Qu'est-ce que tu veux ! sa mère est une espèce de prototurque de l'époque. Elle est sous-citoyenne de troisième zone, genre Pakistanaise sans-papiers de Saint-Ouen qui fait les ménages dans les tours de la Défense à quatre heures du matin. Du genre à s'appeler Nafissatou, à redouter le paluchage malpropre d'un éfémiste grossium social-traître. N'empêche, Antisthène pense à sa mère et a du cœur à l'ouvrage : il distribue plus qu'à son tour mandales et mornifles, t'éviscère par-ci, t'écrabouille par-là et fait de belles saignées dans les rangs thébains et tanagréens.

On met Socrate au courant des prouesses du bâtard. Le vieux dabe se gratte la barbe et branle du chef. Il veut des détails : comment qu'il tient sa garde, si elle est haute ou basse, s'il fend à gauche ou à droite, s'il pare seulement ou s'il contre simultanément. Et puis surtout, il demande qu'on lui raconte comment il bouge, comment il se déplace, le jeunot. Le mouvement des hanches, Socrate il veut savoir. Tout part des hanches... Tout. L'amour et la guerre... Un bon coup, quel qu'il soit, part toujours d'une rotation de hanche, tu sais ça?... À la boxe ce n'est jamais le poing qui part. Quelle force a un poing? Peau de nibe! Ça pèse quoi un poing? Une demi-livre? Va envoyer valdinguer ça en travers de la gueule d'un importun, toi!... Autant coucher un marle avec une motte de beurre... Tandis qu'un poing, emporté par un bras, emporté par une épaule, déportée par une hanche, basculée sur l'avant par une jambe en pivot, c'est la moitié du poids de l'homme. Bing! Quarante kilos dans la gueule, c'est quand même pas pareil. Socrate sait tout ça... Je ne l'ai pas dit la leçon dernière parce qu'il y a tant à dire et qu'écrire c'est renoncer aux mots, mais bon, sache, ami qui désires entrer en philosophie, que Socrate sait tout ça... Car il combat lui-même dans un régiment de fantassins lourds et qu'il ne donne pas sa part au chat quand il faut monter à la riflette. Mais aussi parce qu'il est danseur, et que la danse est pour lui un entraînement inséparable de la philosophie. Ah ! Épatant, ça, hein !... C'est pas ça, qu'on dit, hein ? à la classe de terminale, où ça bachote à tant se faire chier cent sous de l'heure... Stupéfiant, hein ?... C'est pas moi qui le dis, c'est Xénophon, toujours, l'anti-Platon... Ah, mais y aurait à dire sur l'enseignement de la philosophie qui devrait être combiné à un sport de combat...

On va dire que je m'égare, que j'ai oublié Antisthène. Mais non. Je ne l'ai jamais perdu, pensez donc, pas plus que Socrate, ce sont mes chéris mentaux et je les bichonne ! On explique donc au vieux comment il bouge, le grand Turc. Le jeu de jambes et le toutim. Socrate fait silence dans sa barbe à satyre, et se fend la bille d'un bon sourire. « Quoi, maître ? » interrogent les enamourés disciples. Je suppose qu'à ce moment le regard de Socrate s'attarde sur la trimballée de fiottes qui l'accompagne... Nuisette rose, poudre aux joues, bouclettes à frange... Bref, la bourgeoisie de centre-ville, bien née comme il faut, élevée sous la mère... Ces Athéniens de souche ne connaissent du prolétaire que les portraits en pied de l'ouvrier des Village People sur lesquels ils se branlent, subreptices. Alors il annonce sa décision à la cantonade :

« Antisthène pourra suivre mes leçons. Il sera même l'un de mes meilleurs élèves, j'en suis sûr, car il a des couilles au cul. En l'occurrence les siennes. Il bouge bien et sait se battre. Il s'est endurci au combat et a su s'entraîner au courage, et c'est ça, la seule chose qui fait un vrai philosophe. »

Les autres : estomaqués. Socrate, lui, pas mécontent de sa saillie, se fend la poire en loucedé. Antisthène vient donc. Un peu matois. Parce qu'il a déjà assisté à des leçons de philo d'un autre gonze, un brillantissime à mèche, genre Beigbeder, philosophe Rive gauche qui prend des poses pour dire que rien n'existe et que tout se vaut, sauf bien sûr son compte en banque et ses protections au ministère. Mais alors, foudroyé qu'il est par la présence du vieux maître, Antisthène. Il vend ses biens, bazarde tout, et ne quittera plus jamais Socrate.

Il se souviendra de lui pour fonder sa propre philosophie. Il pourfend les confus baratineurs pleins comme des vesses vides et démantibule leur baragouin à grands coups de méthode rationnelle. « De quoi que tu causes, eh branleur ! Définis un peu au lieu de broder ! » De là, chez lui, la haine des caves en troupeau peureux et bêlant dans les passages cloutés. Il méprise le micheton qui ne se pose pas de questions sur les alluvions et les fondrières intellectuelles sur lesquelles il bâtit sa petite vie sans histoires. Et puis enfin, la pièce maîtresse d'Antisthène : développer par l'entraînement quotidien la force d'âme, la tension, l'*ischus*. Ce qui fait crisper la mâchoire, brûler le regard, tendre la nuque, cultiver l'endurance, mépriser la mollesse bourgeoise. Vivre en guerrier, cultiver l'incandescence intérieure. Attention, hein ! pas le guerrier de lumière métaphorique de Paulo Coelho et toutes ces merdes bondieusardo-*new-age*. Lui, Antisthène, se fera athlète furibard. Il enseignera, incendiaire bilieux et prophétique, dans les gymnases et les salles de boxe, l'art et la manière de s'arracher du commun. Vivre en philosophe comme il tuait en dansant à la bataille de Tanagra.

Qui est prêt, aujourd'hui, parmi les philosophes, à raccrocher les mondanités au vestiaire et à décrocher les gants de boxe ?

Travaux pratiques

Exercice n° 1

Pratique un sport de combat en même temps que la philosophie. Le jour où Sartre arrêta la boxe à laquelle il s'était entraîné au Havre, son acuité philosophique s'émoussa et il devint l'idiot utile au service du stalinisme. Alexis Philonenko, lui, n'a jamais quitté les gants qu'il enfila au sortir de la guerre. Il avait rencontré Charron, l'homme taillé dans le marbre blanc, et en 59, il a vu Mohamed Ali, alors inconnu, faire du sac. Déjà, quinze ans avant Kinshasa, il paraît qu'il dansait et piquait comme une abeille. Même s'il ne fréquenta plus les rings, Philonenko conserva, comme Hemingway ou Cocteau, ce grand amour pour certaine violence civilisée. Cela nous vaut sa belle *Histoire de la boxe* qui peut se lire comme une application de la dialectique hégélienne débarrassée de toute sa mystique du progrès (cf. leçon n° 18). Mais en beaucoup moins chiant.

Exercice n° 2

Reprends l'exercice de la leçon n° 1. Avant, fais du sac, de la corde. Un peu de cardio. Ensuite, va-t'en assister au bavassage verbouillard d'un philosophe. Ferme d'abord ta gueule, attends ton heure. Attends le moment où il précise, entre deux entrechats, que cela « c'est la valeur la plus haute ». Ou que ceci, « c'est la chose la plus importante ». Alors tu l'interromps. Tu lui demandes de retirer ça immédiatement. Tu refuses de donner tes raisons, mais tu exiges qu'il renonce à ce qu'il affirme. S'il se remet à blablater, tu lui ordonnes de renoncer à ses valeurs ou tu menaces de lui casser immédiatement la gueule. Avance sur lui. S'il renonce à ses valeurs par peur du poing dans la gueule, qu'il aille se faire foutre. Tu sauras que ce n'est pas un vrai philosophe.

Leçon n° 3

Diogène, chanstiqueur de fausse mornifle

Cours théorique

Un beau jour de désœuvrement, ne sachant pas quoi faire de son avenir, Diogène, bellâtre issu de la jeunesse dorée libyenne et fils d'un honorable banquier, décide de consulter la pythie de Delphes. La sorcière encaisse le chèque, invoque le dieu, brûle son laurier, s'en prend de larges snifs. Elle s'arc-boute, les yeux blancs et la mousse aux lèvres, et se met à prophétiser. « Diogène, mon pote, tu *paracharatteïn to nomisma* », ce qui, en bon gaulois, veut dire mot à mot : « Tu contreferas la coutume. » La prophétesse veut sans doute signifier à Diogène qu'il est destiné, comme philosophe, à contester la tradition, les us et les habitudes. Il devra exhorter les hommes à choisir leur vie, et non à suivre celle du troupeau. Or la finasserie réside dans l'emploi du mot *nomisma*, qui en langue de brebis Salakis, signifie autant « monnaie » que « coutume ». Et voilà Diogène qui joue au con et prend l'expression au premier degré : « Tu falsifieras la monnaie. » Il chope les moules à balourds à son daron et se met à chanstiquer de la fausse mornifle. L'affaire est tellement juteuse que Diogène fait sauter la banque de Tripoli. La fortune des actionnaires coule avec la dette du pays. Résultat : toutes les stock-options des huiles de la Banque méditerranéenne de Crédit finissent en pastissade.

Ça chauffe pour notre homme. Il a la maison Bourreman au cul et a beau avoir traversé toute la Méditerranée de bas en haut, les condés, opiniâtres, le pistent sévère. D'où : cavale, accostage à Athènes et recherche d'une planque dans un coin tranquille. Alors il tombe sur le petit monde interlope de la truandaille et des banlieues, dans un gymnase de la cité, le Cynosargue. Ce quartier chaud est comme par hasard fréquenté par Antisthène. Le vieux caïd y philosophe justement avec le mitan…

La rencontre fait des étincelles. Car Antisthène refuse d'avoir des disciples. Sitôt qu'arrive un bêlant qui cherche un gourou, il le reçoit à grands coups de batte en travers de la gueule. « Hors d'ici, chierie ! Si tu cherches un maître, c'est que tu as encore une mentalité d'esclave ! La libération des philosophes sera l'œuvre des philosophes eux-mêmes ! » Et bing ! un grand méchant coup de manche de pioche en travers de la tronche ! Autour d'Antisthène, toute une communauté de gonzes chichouillent et bitonnent, indécis hésitants, un pas en avant, deux pas en arrière. Ils cherchent certes l'enseignement, puisqu'ils ne supportent plus l'esclavage de la tradition, de la routine et des conformismes de pensée. Mais en même temps ils redoutent de s'adresser au maître, car alors ils prouveraient qu'ils ne sont que piètres michetons en situation de minorité intellectuelle.

Or voilà que Diogène fend la foule médusée et s'avance vers Antisthène. À la volée, il se ramasse un revers de batte qui le couche recta. Mais le Libyen, la gueule en sang, se relève, titube et s'avance vers le Turc. Le vieux brandit sa trique et s'apprête à donner le coup fatal. Or voilà l'énorme : Diogène ne se protège pas de l'atomique mandale. Mieux, il penche la tête en avant, désignant le bombé du front et il bonnit bessif : « Vas-y en plein dans le mille et bien à fond, mon vieux daron, parce que ma caboche est plus dure que ton bâton. » Jamais on n'a lancé un défi tel à Antisthène dont la citrouille se cramoisit d'indignation. La main est levée, la batte pointée vers les nuées... Va-t-elle s'abattre ? La foule frémit et retient son souffle. Le coup tuera, c'est sûr... Alors la batte tremble dans l'azur, puis tombe doucement des mains du vieux et roule dans la poussière. Antisthène murmure : « Approche, môme, à partir d'aujourd'hui je te prends sous ma gouverne. Tu seras mon héritier et successeur... » Naissance d'un philosophe.

Diogène trafique de la fausse monnaie, c'est vrai et ça le range dans la catégorie voyou. Mais, et c'est fondamental pour notre étude de tous ces mauvais garçons qui émaillèrent les aventures de la philosophie, il ne le fait pas pour s'enrichir. Si Diogène choisit la voie de la mauvaise réputation, s'il s'encrapule le plus possible, ce n'est pas pour vivre aux dépens du système. C'est toute la différence entre la basse et la haute crapulerie. La crapule vulgaire transgresse l'ordre établi, c'est un fait. Mais c'est pour mieux le consolider ensuite en reprenant les valeurs de ce système qu'elle prétend contester. Je tiens la même différence entre crapule vulgaire et haute crapule qu'entre sale mec et mauvais garçon. Tiens, aux Baumettes, il y a quelques années de là, j'ai rencontré un vrai sale mec. C'était un misérable braqueur de bouclards à joncaille... Ce grand déplié aux allures de boxeur jamaïcain se la pétait insoumis à la société... Fallait l'entendre dans les coursives, mon renégat, mon lion de Judas... Indompté par l'ordre capitaliste, qu'il était... Plus à gauche de Che Guevara que lui, tu trouvais pas sur les deux mille qu'ils étaient dans ces murs... Mais sitôt rendu dehors, le miché, toute l'oseille gagnée par ses larcins, il la dilapidait dans des boîtes à putes, dans des roteuses et des bagnoles et – ô ironie de la bêtise humaine ! – dans des bagouzes, gourmettes et autres Rolex qu'il s'en allait acheter chez les concurrents de celui qu'il avait dévalisé !... Tiens ! Et cet autre, de sale mec, de basse crapule qu'il me souvient à présent, auguste trafiquant de coco et d'héro !... Il s'était fait construire un vrai château en garrigue, avec des portes blindées, des *serrures hydrauliques* et le toutim... Le krak des Templiers à deux heures de la frontière espagnole... Fallait l'entendre lui aussi, Poujade d'opérette en survêt de luxe !... Il glapissait contre l'État à longueur de journée, crissant des mâchoires, montrant les crocs... Ça le rendait pas bakouniniste pour autant... Lui, ce qui lui nouait la boyasse, c'était la *concurrence déloyale et la situation de monopole* de l'État, avec ses tabacs et ses alcools !... Franchement, on a beau dire des délinquants qu'ils ne sont pas intégrés. Bien sûr qu'ils le sont ! et parfaitement avec ça, madame !... Le système d'économie marchande et sa loi d'airain de l'offre et de la demande, c'est presque toujours le seul horizon idéologique de ces petites frappes, faut pas croire. C'est rien que des épiciers *outlaw* pétris d'aspirations petites-bourgeoises. Quand ils ouvrent la jaffe et serrent le poing, c'est pas pour dire merde au système. Au contraire, ils triquent d'en accélérer le processus pour faciliter leur gagne, ces petits fumiers... Il fallait passer par HEC puis être élu à l'UMP : le résultat eût été le même, sans passer par la case prison. Ils se la pètent mauvais garçons mais c'est rien que des sales mecs. Ces sales mecs, issus de la plus basse caste truandaille, souvent acoquinés avec la plus haute caste politicarde, en vérité, rien ne les distingue des pauvres types, sortis de la cuisse jupitérienne des classes de philo. Les uns comme les autres restent des petits-bourgeois, ceux-ci petits épiciers de la philosophie dealant de la pensée comme ceux-là du crack ou des ecstas. Les uns comme les autres aspirent au même but : accroître leur plus-value marchande et augmenter leur capital symbolique dans le quartier qu'ils fréquentent, Aubervilliers ou le Marais, c'est kif-kif bourricot...

Et de même, la crapule vulgaire bat de la fausse monnaie pour l'investir dans l'immeuble en bord de mer. Où y a-t-il rébellion, si c'est pour manger à la même table que des agents immobiliers, des mafieux et les élus de la Côte d'Azur?

En revanche, la haute crapule, en laquelle il faut compter Diogène, transgresse l'ordre établi, raille les valeurs érigées en modèle, mais porte la logique jusqu'à son terme. J'ai souvenance d'un autre braqueur, mais alors lui, magnifique! Diogénique comme pas deux!... Sitôt son forfait commis, il s'en alla avec son magot jusqu'à une fontaine voisine, désaffectée, pour y verser tout son butin de biftons avant d'y mettre le feu... Suprême élégance, t'avoueras, cohérence absolue de la dégaine mauvais garçon.

Diogène fera donc de même : faux-monnayeur radical, il décidera, aux côtés d'Antisthène, de se convertir à la maximale subversion de la philosophie. Mendiant, proxénète bénévole, exhibitionniste à des fins pédagogiques, unique philosophe dans toute l'histoire de la pensée à consacrer un ouvrage à la pétomanie, Diogène nous met en garde : si faire sauter la banque est un projet philosophique envisageable, il n'est acceptable qu'à condition que le pognon brûle avec les murs.

Travaux pratiques

Exercice n° 1
Comme indiqué dans le cours théorique, braque une banque et brûle la monnaie. Si tu as du mal à trouver une fontaine désaffectée, brûle-la ailleurs.

Exercice n° 2
Ou alors deviens punk à chien.

Exercice n° 3
Pour ceux qui ne sont pas assez avancés en philosophie pour parvenir à ce haut niveau d'excellence comparable à la thèse de troisième cycle, on recommandera d'imaginer

mille et une situations dans lesquelles il ne faut pas se contenter de dire merde à la société, mais oser dire merde *dans* la société. C'est toute la différence qu'il y a entre le baba cool qui se réfugie dans sa yourte cévenole pour y fumer ses chèvres et y faire pousser son fromage, et le punk à chien qui, tel le Diogène historique, se campe à la croisée des chemins pour y invectiver le populo et menacer de son ire qui ne veut pas lui consentir l'aumône.

À une moindre échelle, tu pourras toujours t'exercer aux travaux pratiques *microdiogéniques* qui consistent à s'asseoir par terre et à faire la mangave. Observe les transformations du regard des pékins qui te voient en chose, la descente de roussins soupçonneux qui ne comprennent pas ce qu'un mec bien mis comme toi vient zoner là, l'agrafage par d'autres cloches, furax d'avoir été barbotés de trois mètres de trottoir... Tu verras ainsi défiler toute une humanité qui ne s'encombre plus des masques policés de la civilisation dès lors qu'elle croit s'adresser à un sous-homme. Patrick Declerck s'était essayé à l'exercice, il y a quelques années, poussant l'élégance à mendier derrière un bout de carton où il avait écrit en lettres malhabiles « Léon Bronstein », ce qui n'était autre que le blaze à Trotsky. Cela n'améliora pas son ordinaire de SDF pour autant; les militants de la Ligue communiste révolutionnaire qui passaient devant lui étant sans doute ailleurs, très occupés à préparer une énième campagne électorale pour lutter contre la pauvreté.

Exercice n° 4

Assiste à une corrida, et dans un grand silence, lève-toi dans l'arène et encourage le taureau.

Exercice n° 5

Éclate de rire et moque-toi des œuvres présentées à une performance d'art contemporain qui se veut subversive et dérangeante. Pour rendre encore plus savoureux le bordel, reviens à cet exercice quand tu auras appris la leçon n° 28.

Exercice n° 6

Achète ta place au kop de Boulogne pour un match OM-PSG. Pense à t'habiller de bleu et blanc. Insulte les mères des joueurs de l'équipe parisienne. Si possible en arabe ou en ouolof.

Leçon n° 4
Hipparchie,
Nana Mouskouri choriste des Sex Pistols

Cours théorique

Je sais ce qu'on va me reprocher. Soi-disant, la philosophie est une affaire de mecs… Des philosophes femelles y en a pas la queue d'une… Que donc, je suis un affreux phallocrate… Est-ce que c'est ma faute, à moi, si la philosophie s'est développée dans un univers patriarcal et longtemps monothéiste ? Bien sûr que j'en voudrais, des filles ! Je suis comme tout le monde… Mais je vais pas tordre l'histoire de la philo rien que pour faire plaisir. Déjà que prendre le maquis en se faisant philosophe, c'est coton – alors qu'il est tellement plus facile de se faire commercial, banquier ou personnel de maison. Mais alors, imaginer dans un monde bitard comme le nôtre que des femmes parviennent à relever un défi comme icelui, tu peux te lever tôt…

Y en a une, quand même, pas piquée des hannetons. C'est une dame de la haute, une superbe Bulgare au nez droit, aux yeux sans fond et aux tifs comme des cordes d'amarres défaites un jour de gros temps. Déjà le nom doit faire peur. Hipparchie. En grec, c'est celui d'un bataillon de cinq cents cavaliers en ordre de bataille. On imagine une gonzesse qui s'appelle plus ou moins *Panzerdivision*. Les parents auraient dû se méfier et l'appeler Céleste ou Angélique. Mais bon, trop tard... Elle descend donc avec son frérot à Athènes et ils tombent tous les deux sur un pire punk à chien, disciple de Diogène. Cratès, il s'appelle. Le genre de mec à débouler dans les baraques les plus fortunées pour vérifier si les bourgeois sont, en privé, en accord avec les valeurs qu'ils défendent en public. Un beau jour, le frère à Hipparchie, la tripaille sans doute mise à l'envers par le stress, pète en public lors de sa soutenance de thèse d'avocat. Oh, rien qu'une pétouille siffleuse, une flatulence discrète, tout en voyelles... Peut-être même une louise. Un vent de jeune fille. Mais le pauvre mecton l'entend, lui, et perd toute contenance. Il bredouille, bafouille, s'effondre en pleurs. Il fuit tout soudain la soutenance, s'enferme dans sa carrée, et décide qu'il va s'y foutre en l'air. De l'autre côté de la porte, on essaye de le ramener au bon sens. Mais macache bono, il ne veut plus entendre de rhétorique. Lui qui s'est ridiculisé dans un exercice oratoire, il ne croit plus à la force des mots. Ses profs en personne se déplacent, tentent de le raisonner, il est l'avenir du barreau, l'espoir du prétoire, qu'on lui baratine. Mais rien. Déboule alors le SDF punk à chien, qui passait par là. On lui laisse la place. Quels arguments va-t-il pouvoir trouver pour sauver le frérot? Facile. Il s'enfile une platée de fèves mal cuites, soulève sa toge, et te balance une caisse à faire trembler les murs, un pet météorique, une onde de choc à refluer toute la mer par-delà les Colonnes d'Hercule. Puis, silence de mort. On ouvre la porte. Et les fenêtres. Le frangin, mort de rire, reprend goût à la vie.

Et là, bing badaboum, c'est le coup de foudre de la frangine. Jamais on n'a osé un truc pareil. Pour elle qui vit dans l'atmosphère frelatée des convenances et des hypocrisies bourgeoises, Cratès représente toute cette liberté qu'on lui interdit. Alors pour une fois la princesse s'éprend du berger. À l'inverse de toutes les collaborations de classes à l'œuvre chez Walt Disney, ce n'est pas le berger qui se hisse au rang de roi – et trahit ainsi le prolétariat auquel il appartient –, mais c'est la princesse qui décide de descendre au peuple. Hipparchie est sans doute la première Mao établie de l'histoire. Elle décide donc de quitter la baraque et d'envoyer valdinguer la famille. « Merde aux cons! grogne-t-elle, entendez-vous l'appel? C'est beaucoup plus qu'un pet, c'est le souffle de la liberté. Y a pas à chier. Je me fais femme philosophe. »

Les parents s'affolent, menacent, redoutent le déclassement. Hipparchie n'en a rien à braire. Elle annonce qu'elle se foutra en l'air s'ils refusent sa conversion à la philosophie cynique. Le cynisme? Comme le punk à chien. Débusquer la barbarie qui gît sous la civilisation. Briser les discours et laisser parler la vérité du corps. Subvertir la loi qui est une institutionnalisation de la violence. Promouvoir la liberté, absolument, sans condition. Refuser de posséder quoi que ce soit, car celui qui possède est possédé par ses biens. Emmerder les autorités, toutes les autorités. Être à soi-même son propre maître. C'est tout ça que veut Hipparchie. Elle fugue.

Ses parents la retrouvent après un signalement chez les condés (le père a des appuis). Certainement à un concert des Wampas, qu'elle doit être, Hipparchie. Avec une crête verte et des rangers à lacets rouges. En train de rouler des pelles à Cratès, le punk à chien.

« Mais chérie, pleure la mère dans son tailleur Chanel, et ton ouvrage de couture ? Et ton mariage avec ce rhétoricien thrace vu au bal de fin d'année à l'Académie de Platon ? Et les petits-enfants que tu dois nous faire ?

– *Fuck off* ! » rugit Hipparchie.

Le père se tourne vers Cratès. Il est près de ses sous, le père, et il a compris qu'il ne peut rien contre l'amour. Mais il veut savoir le prix de ce jeune mec. Alors il demande :

« Jeune homme, si vous voulez la main de ma fille, je veux savoir ce que vous pouvez mettre sur la table pour le mariage. »

La légende, relatée par Diogène Laërce au Livre VI de ses *Vies et doctrines des philosophes illustres*, et que je rapporte ici presque fidèlement, précise qu'à ce moment-là, le keupon s'est levé. Puis il a dégrafé son futal et il a posé sur la table une anguille de calbute grosse comme une chopotte de Sénégalais.

C'est ça, je crois, qui a décidé de la conversion d'Hipparchie à la philosophie.

Pour Luc Ferry, ce fut la lecture de Kant.

Hipparchie n'a rien écrit. Elle savait tirer le lait à broder, vu qu'elle était noble, mais pour elle, la philosophie ne devait être rien d'autre qu'une stylisation de l'existence. Toute sa vie devait retentir de cet amour immodéré de la liberté. Alors écrire…

On ne lui connaît qu'une réponse, mordante, à un vieux pédant qui lui reprochait d'avoir quitté la cuisine et le métier à tisser :

« Le temps que j'aurai dû perdre sur le métier à tisser, je l'ai gagné à mon éducation. »

Si ça, c'est pas une bonne fille au milieu des mauvais garçons.

Travaux pratiques

Exercice nº 1

La grande affaire d'Hipparchie étant de mettre en cohérence, chez ses contemporains, la vie et les valeurs qu'on y défend, tu voudras bien repérer quelqu'un qui dit avoir le sens de l'humour et l'entarter en public pour voir s'il l'a toujours.

Exercice nº 2

Démerde-toi pour t'inviter à un gueuleton d'hommes. Pousse la conversation sur le nombre incroyable d'assistés, tu vas voir, ça va être facile à démarrer, la machine à balancer des monuments de conneries. Puis, une fois le consensus obtenu, exige quand il n'y a plus de pain que quelqu'un de la table se lève pour aller en chercher en cuisine.

Exercice n° 3

Lors d'une réunion publique en présence des médias, demande à un élu de gauche s'il habite dans un quartier populaire et s'il scolarise ses enfants dans une école publique.

Exercice n° 4

Va bosser dans une entreprise où le patron sympa et sans cravate demande à ses salariés de l'appeler par son prénom et de le tutoyer dans l'*open space*. Dans un même souci d'égalité, toi, tu punaiseras ta propre fiche de paie au bureau du patron. Après, tu lui demanderas en le tutoyant, puisqu'il est cool et décontracté, d'en faire autant avec la sienne.

Exercice n° 5

Balance aux chiottes les barrettes de shit et les papillotes de coke d'un rasta blanc, anticapitaliste et altermondialiste. Explique-lui que tu l'aides à être en cohérence avec ses valeurs, car il cesse ainsi d'engraisser le narcocapitalisme exploitant la misère à Naples, à Rabat ou dans les favelas de São Paulo.

Exercice n° 6

Souviens-toi que Cratès et Hipparchie baisaient en public. Maintenant, lis *Noa Noa*, où Gauguin raconte son Tahiti. Comment, jour après jour, il se désape, n'en fout plus une ramée, sinon s'extasier sur la beauté des choses et l'attraper dans sa peinture. Vois comment, de son aveu même, il se débarrasse de la civilisation pour retourner à la vie animale. Vois-le redevenir *oviri* – sauvage –, comment il baisouille d'abondance avec Teha'amana, la charmante gamine insulaire. Puis, à ton tour, descends vers le Sud, monte une paillote sur la plage, vis du poisson que tu pêches et emplis-toi de la présence de la nature. Quitte grolles et nippes et habille-toi de la seule lumière de la lune et du soleil. Aime une autochtone prépubère selon le bon plaisir de la nature. Débarrasse-toi des affres et des artifices de la civilisation. Retrouve la spontanéité de la vie rendue à la sauvagerie. Cours nu sur la plage. Pousse des cris primaux. Laisse parler la vérité animale. Si tu es à la plage de l'Espiguette, au bout du Grau-du-Roi, entre le 14 juillet et le 15 août, évite tout de même les patrouilles de flics. Même les peintres et les disciples d'Hipparchie peuvent tomber pour exhibitionnisme et détournement de mineurs.

Leçon nº 5

Re-Socrate, mère maquerelle

Cours théorique

Causer d'Hipparchie et de la gent féminine, hélas toujours balancée au fossé de la philosophie, ça m'a donné l'envie de reparler du dabe des dabes, Socrate.

On me dira :

« Fichtre, l'homme avait du poil aux pattes, et quand bien même il était de la jaquette flottante, ça n'en fait pas une dame pour autant ! »

Pas faux. Mais je voudrais m'attarder sur les boires et déboires du Vieux pour y montrer dans son œuvre toute la place des fendues-par-le-devant.

Chacun connaît l'auguste couillonnade, mille fois répétée au lycée, comme quoi Socrate faisait accoucher les esprits de leur vérité. Telle est la « maïeutique socratique », décrite dans le *Théétète* de Platon. Je veux bien, mais faut reprendre toute la page… Car que déblatère le vieux roué ? Il raconte qu'il est comme les sages-femmes, certes. Mais la principale activité des sages-femmes, en ces époques vénérables où la capote était en laine et tricotée au crochet, c'est pas les accouchements. C'est les avortements. Précisément, Socrate explique qu'il connaît les chants magiques et les ensorcellements qui savent purger les gonzesses pas regardantes sur leur rythme ovulaire et encombrées par des grossesses non désirées. Étonnant, hein !... Le drame, vois-tu mon pote, c'est que la pensée de Socrate a toujours été enseignée par des barbons dont les daronnes décrépissaient entre la cuisine et l'ouvrage de broderie. Si les bonnes femmes avaient eu plus droit au chapitre dans l'exégèse philosophique, elles t'auraient vite expliqué le vrai taf... Aux côtés des drôlesses qui s'étaient fait mettre un polichinelle dans le tiroir, le nibé de Socrate, c'est de purger le fœtus, pas de multiplier des chiards et les couches à changer. Mais les hommes, même philosophes, sont toujours les mêmes : des balourds jamais au jus et toujours en retard pour tout ce qui touche au ventre des femmes.

En fait, je vais te la dire la vérité vraie sur le père de la philosophie, mais que ça reste entre nous, hein ?... Socrate bossait comme infirmière au planning familial et militait pour la pilule du lendemain.

Autre chose encore. Quand tu décortiques le texte, et que tu remontes dix lignes en avant, tu apprends que l'avorteuse qu'est Socrate psalmodie des sortilèges suffisamment balaises pour paralyser les serpents, déclencher les règles et transformer les meutes de hooligans en processions de communiants – je t'assure que c'est dans le texte ! Mais en plus, Socrate est... mère maquerelle !... Le seul truc qui la distingue des vendeuses de pain de fesse sans moralité, c'est que, elle, la grosse Sosso, elle ne se fait pas payer par ses petites gitonnes. Elle fait ça par amour du métier...

On me dira que c'est qu'une seule occurrence dans le corpus... que c'est un point de détail... que Platon avait trop bu du vin blanc résiné quand il avait écrit ça... qu'il y a beau schpile pour retrouver ailleurs un portrait de Socrate en hareng envoyant ses gniasses aux asperges... Mais c'est faux ! Déjà, Socrate adore les bordels de pédérastes. Un exemple ? Phédon !... Ce petit esclave faisait le groom service à l'entrée d'un boxon spécial *macho men*... Socrate le rachète pour le sortir du claque où il défromageait les minarets à tour de pompes. Et il lui dédiera ses dernières paroles avant de bouffer son extrait de naissance et de s'en aller dire bonjour à la carline. Et si tu veux rajouter une autre preuve au dossier, va faire un tour du côté de Xénophon, si tu veux bien, et retourne à son *Banquet*, et là, parole ! tu tombes de haut. Tu y vois Socrate lançant un défi à tous ses poteaux : à chacun de dire de quoi il est le plus fier. Et interrogé à son tour, Socrate, l'amoureux de Phédon, Socrate trompette que sa fierté repose dans l'exercice de son métier... de vieille morue proxénète... *Metropéia*, dit le texte, c'est-à-dire maquerelle supérieure ayant pignon sur rue, installée et recevant édiles, notables et grosses huiles. Et, attention, hein ! pas du genre vulgaire à la dérobade sous les ponts, rabatteuse de michetons pour des gagneuses vérolées à la cramouille vénéneuse. Non non !... Entremetteuse de grand style, s'il vous plaît !

Mais le plus galbeux arrive à la fin du texte : Socrate envisage de bâtir une cité idéale sur le principe de ce maquereautage bénévole… Encouragé par son pote Antisthène, que je t'ai causé *supra*, Socrate se la joue Martin Luther King, la pudibonderie parpaillote en moins. « *I have a dream*, clame-t-il d'une voix gourmande, *let's fuck together.* »

Sa politique à lui repose sur une harmonie baisarde et collective, où tous les citoyens, à force de se trouver pinaculmettables, mettent en pratique la théorie du coup dans le tas permanent.

On voit donc par là combien les relations entre Socrate et la prostitution sont étroites. D'ailleurs Socrate ne se reconnaît qu'un seul maître, une autre mère maquerelle, putain de haut vol, hétaïre professionnelle qu'on ne connaît que sous son pseudo du temps où elle brillait sous la rampe, Aspasia, alias Mademoiselle Bienvenue. Je crois que c'est le seul endroit, dans l'*Euthydème*, où il emploie le mot « maître » et c'est pour parler d'elle. La gourgandine, raffinée et sémillante, tenait salon et recevait la crème de son temps. Elle foutra la citrouille à l'envers au grand Périclès, le rendra tellement sinoque qu'il se débarrassera de sa régulière et deviendra l'amant de cette métèque, au risque de flinguer toute sa carrière politique.

Et il n'y a pas que la concubine de Périclès. Théodote est aussi une autre mangeuse de blanc à la cuillère que Socrate badera de longue, d'après ce qu'en rapporte un passage des *Mémorables* de Xénophon. Dans une scène au bordel tenu par cette dernière, Socrate et son pendant féminin concourent pour savoir qui sera le plus expert dans le racolage. Au terme de l'assaut, Socrate capitulera alors que Théodote l'invite à rabattre pour lui des nouveaux clients...

Qu'est-ce donc que vient foutre Socrate au milieu de ces mères maquerelles bénévoles, arrangeuses d'amour dégagées de tout mercantilisme ? Heidegger a peut-être la réponse, quand il s'énervait à propos des définitions de la philosophie. Car les mêmes couillons qui disent que la philosophie sert à accoucher des idées t'en rajoutent une couche en racontant que philo-sophie, c'est *amour de la sagesse*. À quoi l'amant d'Hannah Arendt répondait qu'il fallait prendre le truc à l'envers et te le retourner comme une peau de lapin. La philosophie, c'est la *sagesse de l'amour*. C'est tout l'art et la manière d'aimer, de porter le désir à ses plus hauts sommets, en le dégageant de tous les calculs et de toutes les tergiversations misérables.

Alors le rôle de Socrate s'éclaire. Maquereau bénévole caressant des projets politiques pour transformer la démocratie athénienne en un gigantesque lupanar à ciel ouvert, le père fondateur de la philosophie n'avait qu'une obsession : sortir le désir féminin de l'espace privé où il se marchandise et s'épuise pauvrement, pour qu'il devienne une affaire politique.

Le jour où un candidat à la présidentielle mettra la polyandrie au cœur de son programme, alors il pourra être considéré comme réel philosophe et premier bienfaiteur du socialisme sexuel.

Travaux pratiques

Exercice n° 1

Le proxénétisme, même en cas de prestation de service bénévole, tombant sous le coup de la loi française (articles 225-5 à 225-12 du code pénal), nous n'inviterons pas notre aimable lecteur à se glisser dans les pas de Socrate. Pas plus ne l'exhorterons-nous à se prostituer lui-même. Non pas que la prostitution soit interdite, mais, comme chacun sait, c'est le racolage qui est poursuivi (article 625-8 du code pénal) et qui est puni d'une contravention de 5e classe (avec doublement du montant en cas de récidive en vertu de l'article 132-11 du même code). Mais je connais les gens comme ils sont viceloques parfois, et je redoute que des esprits chagrins aient beau jeu de me renvoyer la responsabilité du racolage auquel se livreraient certains de mes lecteurs et lectrices. On fit à Porphyre un tel procès abusif. On lui brûla tous ses livres en le rendant responsable du regain de la théurgie néoplatonicienne dans l'œuvre de Jamblique, tout ça parce qu'il avait réhabilité un paganisme intellectualisé contre le christianisme. Eh ben, ça me rajouterait un deuxième trou au cul si on me cramait mes bouquins au motif que j'aurais insufflé la passion tapinarde à d'aucuns.

Aussi, sur ce sujet, je préfère me taire et laisser à chacun la libre appréciation des exercices de philosophie pratique qu'il pourra inventer pour devenir l'arrangeur de la grande symphonie sociale des pulsions érotiques.

Exercice n° 2

Téléphone aux bourres. Fais-toi passer pour une agence de production télé qui tourne un reportage sur la chasse aux prostituées. Ils se mettront en quatre pour que tu leur fasses leur propagande. Arrange-toi pour obtenir le numéro de téléphone des services de police qui s'occupent précisément du racolage. Édite ensuite des petites vignettes autocollantes de dix centimètres sur dix. Recopie sur ces étiquettes le numéro de téléphone du service de police en question. Fais-le précéder d'un prénom de femme, « Irina », « Ulla », « Ludmilla », « Domina »... Éventuellement, complète-le d'une mention de spécialité professionnelle (« massage à domicile », etc.). Placarde ces affichettes dans toute la ville, essentiellement sur les feux rouges, à hauteur du regard des conducteurs. Tu peux espérer qu'ainsi de nouvelles alliances érotiques se noueront dans le monde des gardiens de la paix.

Leçon nº 6

Épicure, la cuculapralinade élevée au rang de métaphysique

Cours théorique

La mode philosophique aujourd'hui est au plaisir et au bonheur… N'en voilà du bon nanan ! Les arnaqueurs à cette partie de bonneteau te poissent le premier gogo qui tombe dans la combine. Et avec la voix de Michel Simon dans *Fric-frac*, ils lui bonnissent :

« Où qu'est-y, le bonheur ? Où qu'est-y ? »

Et le miché mate la petite balle d'étoupe, tous les quinquets en pétillade, bonne poire abusée. Il se croit plus finaud que le marlou. Il redevient môme le temps de l'entourloupe et se murmure :

« Ainsi donc, c'est ça la philosophie ? Une *recette* pour être heureux et profiter de la vie en s'adonnant au plaisir ?… Et la balle est si facile à suivre !… Que ne me l'a-t-on dit plus tôt ?… »

Plaisir, bonheur, philosophie, le tiercé gagnant… C'était

donc si simple?... Il se rabiboche avec la philo, le hotu. Il se dit qu'au fond, c'est pas bien sorcier...

« La philo a tout à fait sa place dans un magazine plagiste et féminin. Voire, elle est un peu comme un stage de développement personnel payé par le comité d'entreprise oùsqu'on nous apprend à accueillir l'instant présent et jouir des choses simples... »

Et le gogo, rehaussé au rang de philosophe à la Homais-comme-je-te-pousse, gonfle du poitrail. Il bigle le jeu de la petite baballe d'étoupe qui danse entre les godets. Il la voit tournicoter et rebondir, se cacher, maladroite, sous un des trois verres en carton bon marché, puis sous un autre. Mais c'est pas à lui qu'on va la lui faire!

« Où qu'est-y le plaisir, où qu'est-il? »

Il hésite à peine, le pantre, et il est pas peu fier, car soudain tout lui semble si simple :

« Merde, se bonnit-il dans l'intérieur de son petit cerveau deux-pièces, merde, moi qui suis pas le dernier à me rincer le tromblon, à troufigner ma bourgeoise quand elle a le rifle au derche, à reprendre deux fois du gibier et de la viande en sauce, je croyais que j'étais un beauf, et voilà que je suis un sage. »

Et le Jean-jean bat des mains et cligne des châsses. Il se sent l'égal de La Mettrie, de Sade et de Choderlos de Laclos! Il croit pouvoir astiquer le firmament et tutoyer les astres rien qu'avec sa queue bien dressée! Il y a un quart d'heure, il était comme tout le monde, un peu mené par sa bite, son bide et son foie, peu capable d'autre chose sinon de mollement glisser sur la pente douce de la clape et du postère. Et voilà qu'on lui dit que les banales tendances qui l'embarquaient dans l'existence se recouvrent de la poudre d'or de l'*é-pi-cu-risme*. Il se croyait un peu égrillard, cochonesque honteux et voluptueux par intermittence. On vient lui expliquer qu'il s'adonne à l'*arithmétique des plaisirs*. Depuis, il se voit en Einstein de la chopotte, en Horkheimer de l'empapaoutage.

Il sort de ses rêveries et revient à la petite boule de plaisir et sa partie de cache-cache. Alors, d'un geste ample de néoépicurien, il fouille au morlingue, et en sort un maousse bifton qu'il cale sur la caisse au bonneteur.

« Va, vieillard à l'allure bonhomme, prends mon artiche, car je suis un féal du bonheur et le plaisir est mon échanson. Je puis miser sans crainte sur la place réelle qui revient à l'un et à l'autre, vu que c'est à peine croyable comme je m'y connais en philo. »

Un baron, carambouilleur acoquiné avec le bonneteau, retient la main du gogo :

« Vous êtes sûr, monsieur ? Il y va de votre fortune, tout de même.

– Fi, répond l'autre, va ton chemin, vil augure, car ma sagacité est grande depuis que j'épicurise. »

Et pour montrer sa bonne foi il ouvre un large bec et laisse tomber encore un gros bifton. Le baron coule un regard entendu au vieux croquant. Le ballet cesse soudain. La petite balle d'étoupe a disparu. Restent les trois godets, qui sont là, bien sages, bien retournés, bien opaques. Le bonneteur d'un geste de révérence rouée les désigne.

« Alors, où qu'est-y, le plaisir ? Où qu'est-il, le bonheur ? »

Et l'autre, ébloui comme une alouette par un miroir, se goberge, zyeute et bigle les trois godets d'un œil de commissaire-priseur.

« Alors ? » relance le vieux daron.

Le micheton lève la main, pointe l'index. S'en va montrer le fatal godet d'une main d'empereur romain qui réclame la mise à mort. Son doigt se pose sur un des trois gobelets de café.

« Là. »

Le tapeur de bonnet retourne le godet.

« Perdu. »

Vide, bien sûr, qu'il est le gobelet. Comme la tête au néoépicurien. Comme le bonheur.

Le bonheur est un mot creux comme le godet du bonneteau, et le meilleur moyen de ne pas l'atteindre, c'est sans doute de le vouloir chercher. Et quand bien même la petite balle du plaisir est nichée sous le godet du bonheur, elle ne suffit pas à l'emplir tout à fait. Tout au plus, elle s'en vient ding-dinguer contre les parois, et le joli tintement qui s'entend nous rappelle qu'il y a plus de vide que de plein sitôt qu'on veut s'emplir de volupté.

Le miché est comme un con. Longtemps après, seul sur la place déserte, il retourne les gobelets. Il en cherche la magic. Mais elle s'est enfuie avec ses biftons… Et pendant ce temps, le tapeur de bonnet, goguenard, s'en va son chemin, la pipe au bec et les fouilles pleines, abandonnant sur la place le pauvre malheureux gogo qui cherche et cherche encore, sous les petits godets du plaisir, la pauvre balle d'étoupe du bonheur…

Tout le drame d'Épicure, ce fils d'une sorcière et d'un agrégé de grammaire, vient de sa double postérité. À sa droite, Cicéron lui refait le portrait en érotomane déglingué, putiphardant tous les éphèbes à portée de sa queue. Il devient sous sa plume vacharde une espèce de vieux soudrillard soulographe, croûteur de miché et trempeur de pain dans la sauce. À sa gauche, Lucrèce tricote des couronnes de laurier en l'honneur du jobard avisé qui savait y faire question poilade et volupté. Si on l'écoute, le vieux élève le pive, la tortore et l'oigne au rang de beaux-arts. Alors, Épicure ? Bambocheur aviné ou libertin *honoris causa* ? Persilleur familier de l'entrée des artistes ou bien suprême esthète de la jouasse ? Falstaff ou des Esseintes ? Confiture aux cochons ou marmelade pour sybarite ?... Bof, franchement, on s'en fout... C'est un faux débat... parce que, tout ennemis qu'ils sont, les deux camps, ils se rabibochent sur l'essentiel... Ce que les premiers reprochent, c'est ce que les seconds honorent... Le fameux triangle magique... Un : rien n'est plus kiffant que le bonheur... Deux : le bonheur n'est rien d'autre que d'attraper du plaisir par tous les bouts. Trois : et la philosophie là-dedans ? C'est le mode d'emploi du plaisir !... Triplette gagnante ! Triolisme conceptuel !... Épicure ? Le Trigano des vacances de la vie !... VRP bien-être !

Douteuse cuculapralinade mais qui marche à fond dans notre civilisation exsangue, vérolée de l'intérieur par un bourgeoisisme ennuyé et fat, fatiguée des nerfs et sensuelle... frileuse, frivole et agacée... Épicure de grandes surfaces, pour Messalines grimées en Christine Angot... C'est d'un tartignolle...

Suffit de mater sa trombine, à Épicure, pour se convaincre de la balourdise... Quittons l'asphalte et le béton, bon lecteur, et projetons-nous dans les meilleurs musées... Arpentons les salles aux colonnes marmoréennes, errons parmi les marbres antiques et les albâtres solennels. Arrêtons-nous devant un buste d'Épicure. Rien de tel, en effet, pour piger le dedans, à un gniasse, que de lui bigner le dehors. Or les Photomaton taillés dans la masse sont tous unanimes et ils nous foutent dans une abyssale dubitation... Épicure? On se l'imaginait donc rondouillard rabelaisien, la terrine fendue en large de bien se poiler, de grailler de l'épais en sauce, de tututer des pétroles redoutables... Et là, embarras ébaubi... On est loin de Gargantua... Loin du gras bouddha doré à côté du cendrier sur le comptoir du resto chinetoque... Épicure? Une publicité pour des compléments alimentaires aux germes de soja... Avise un peu la trogne : joues creuses; œil noir et rentré; nez long; front noué comme de la vieille corde en tas, lèvres en guichet de poste pour les mandats... Un atrabilaire, avec une tête longue comme un jour sans pain... Une gueule austère de vieux prof de physique-chimie en dépression dans un collège de Seine-Saint-Denis... C'est un malingre, un taiseux, un moine qu'on nous a vendu. « Resquille! qu'on a envie de gueuler. Y a eu tromperie! On s'est fait refiler du philosophe daubé! » Parce que, c'est évident vu sa poire, Épicure tournait à l'endive et au navet... Une tronche à se boulotter des poireaux au dessert, et crus par-dessus le marché... Un taliban des haricots verts, qu'il était, Épicure.

Alors on s'abîme dans de rageuses supputations... Éperdu!... Furax!... C'est pas possible qu'on s'est fait endauffer pareil!... Une enculerie aussi déloyale!... Deux mille ans qu'on nous serine le contraire! Le triangle magique ! Le plaisir dans la sagesse dans le bonheur !... Alors on se serait fait eus ? La sagesse d'Épicure limiterait le plaisir à des pignochages de graines en fin de séminaire de yoga ? On serait obligés de se prendre des cuites à la soupe miso ?... Bon, on se passe une main sur la figure... On se dit qu'on est peut-être coupables du délit de faciès, qu'on veut en avoir le cœur net...

Affolés, on galope hors du musée !... On trace comme des dératés pour se rabattre sur la première bibliothèque venue !... Ici on aura la preuve ou la réfutation !... *Scripta manent !* On monte les marches quatre à quatre !... Blam ! On pousse la lourde d'un méchant coup de tatane !

« Bonjour ! »

Pour sûr, c'est la patronne... On redoute un peu la cerbère momie à chignon, tout en crin et en sécheresse. Et là... Surprise ! Une sémillante gonzesse, l'accorte blonde bibliothécaire ! Tout sourire ! Notre émoi philosophique, ça l'amuse.

« Vous désirez ? » elle demande en posant son menton dans sa main mignonne, avec des doigts tout bien faits, en nombre qu'il faut...

Mais bien sûr, qu'on désire... On sait plus trop ce qu'on désire, d'ailleurs, depuis qu'on prend un peu plus le temps de la reluquer, la dame des livres, mais pour sûr qu'on désire... Des douilles taillées bien court pour encadrer un minois charmant, des châsses émeraude, et des nibards, ô Seigneur ! des nibards à figurer dans le casting de Mega Vixens...

« C'est pour le plaisir », qu'on bafouille...

On s'enferre, on patauge, on barbote. Elle rigole, elle comprend. Elle nous explique. Épicure, ce mec sinistre, aurait écrit des kilos de volumes dont pas un n'a survécu jusqu'à nous. Tous vaporisés ! Ne restent que trois lettres ! Et puis des fragments, conservés au Vatican, dont elle a copie ici. Difficile de se faire une idée sur les siennes, d'idées… Mais des indices, tout de même… Elle va nous les montrer, la dame aux livres, les trois lettres… Ah bon très bien… Où ça ?… Elle réfléchit en levant les yeux au ciel et en tapotant sa lèvre inférieure de son stylo. On jalouse le stylo. Elle nous sort de notre rêverie coupable.

« Ah oui, je sais où elles sont classées ! »

On la suit dans les rayonnages. Son ferme pétoulet, serré comme une fierté, rebondit joyeusement. On la rêve montant à l'escabeau et nous, dessous ses roupanes, comme sous un grand parasol à l'ombre du soleil de son sourire. Mais non, les trois lettres sont ici, à hauteur de libido. Elle se baisse pour les sortir du rayonnage. On se pâme quand même sur son corsage. Le temps de se relever, elle les feuillette avec nous. On a vite fait le tour. Le vieux fumier d'ascète se contentait de gruau d'avoine, de fruits et de légumes et un bout de calendos était repas de fête…

« Que du menu plaisir, Épicure, il prenait », elle constate, presque déçue pour nous.

Mais c'est pas grave, on a envie de lui dire en avançant les mains, on n'a qu'à le prendre quand même, tout menu qu'il est, le plaisir. Et puis vous verrez, on recommencera, faut pas vous attrister pour si peu. Mis bout à bout, ces plaisirs minuscules, ça va peut-être réussir à faire un bon coup, non ? Mais on n'a pas le temps… Elle repasse à un autre extrait… Et là, soudain, elle s'immobilise, le doigt posé sur une ligne. On jalouse la ligne.

« Y a un hic. »

On demande quoi. On espère s'être planté. Peut-être un texte oublié. Un inédit. Une révélation. Épicure bouffait, buvait et baisait d'insolence ? Il était tout sauf sage ? Il tombait dans la démesure, et finissait systématiquement les fins de noces et banquets bourré au premier cru de Flagey-Echézeaux ? Chevauché par une plantureuse bibliothécaire lui gueulant dans les esgourdes des pleins extraits des romans érotiques de Crébillon fils ? Mais non. On tombe de Charybde en Scylla. D'une voix basse, la bibliothécaire confirme :

« Chez Épicure, le plaisir n'existe pas en tant que tel. Tout au plus peut-on faire cesser la douleur et la souffrance. Dans ce moment blanc, les sens sont en retrait, la sensation interrompt son petit manège lancinant, enfin le corps se tait et l'esprit est envahi par le grand vide ouaté... Plus rien n'advient... C'est à ce moment-là qu'on peut se dire... heureux. »

On est stupéfait. Une suée nous monte en nimbe froide jusqu'au front. On chancelle et on s'adosse aux rayonnages indexés cote 194 (philosophie française et allemande). Il a sans doute beaucoup souffert pour arriver jusque-là, l'ascétique enflure, jusqu'à cette sagesse de l'éblouissement dans le néant. Un plaisir, certes, mais au-delà de la volupté. Dans le retrait et dans l'absence. On touche à des hauteurs de pénitent du désert, de stylite cramé de soleil oriental, maudissant les titillations de la chair et de la civilisation. Épicure jouissait de ne plus avoir à jouir. Le con.

« Ça va pas ? Vous avez l'air tout pâle. Vous voulez que je vous mette un sucre dans un verre d'eau ? »

C'est la trop choucarde blonde bibliothécaire qui nous a demandé ça. Nous, on voudrait bien mettre autre chose ailleurs, pour se guérir des rigueurs de l'autre, là, le diététicien en toge...

Bon... On se dit que trois lettres, c'est pas bézef pour juger l'arsouille. Qu'on est peut-être en pleine gourance parce qu'on a trop peu à se mettre sous les crocs. Qu'Épicure était peut-être pas drôle à table, mais qu'il savait mettre l'ambiance sitôt qu'il allait au pageot. Y en a des comme ça, qui sont tout grignets devant le pif et la briffe mais qui se surpassent dès qu'ils sont dans l'oigne. On n'est jamais sûr des gens et faut pas juger sur la mine à table. Épicure, peut-être qu'il mettait au cul plus qu'il mettait à l'assiette... On espère... On voudrait se rassurer... Alors on hasarde, d'une voix qu'on voudrait anodine mais qu'on entend – ô stupeur et effroi – grasseyante de testostérone :

« Et pour... la chose?

– Ah, répond la mignonne, décidément très au fait... C'est comme pour la table... Épicure tolère l'amour pourvu qu'il ne soit pas passionnel... Simplement hygiénique, pour relâcher les tensions... Et encore, entre amis... Vous savez comment c'est, les amis... Toujours là pour donner un coup de main... »

Il nous prend des envies affolantes d'être son ami, à la bibliothécaire. On voudrait bien, là, tout de suite, pour lui déclarer son amitié, sortir son polard et lui demander un rassis furieux, histoire de relâcher les tensions. Allez!... Simplement pour dépanner!... Entre copain copine!... Mais on se dit que ça peut froisser, comme première approche. Alors on essaye de penser à autre chose. On relance la conversation.

« Et Lucrèce, son disciple, il dit pareil ?

– Ah, répond-elle avec un sourire de lavandière accroupie à la rivière quand passent les hommes derrière le lavoir... Lucrèce, faut qu'on cherche. C'est ailleurs... »

On la suit derrière son bureau. Elle se baisse pour pianoter sur l'ordi. Ses doigts dansent. Les références défilent à l'écran. Elle s'accoude, murmure les titres d'une voix chantonnante, les jambes tendues, à peine croisées. Son joufflu fait bander à craquer les coutures de sa jupe. On assiste impuissant à la résistance homérique mais désespérée du tissu imprimé. Le spectacle est insupportable. On est derrière, alors on essaye de regarder ailleurs. Sa nuque bien dégagée par la coupe courte. On suffoque en apnée le temps qu'elle trouve. Elle trouve, heureusement, très vite.

« En plus, vous avez de la chance. Il a écrit un livre entier sur le plaisir. Mais pas que sur les jouissances de la table. Sur celles de l'alcôve, aussi. Un livre entier sur les plaisirs amoureux. Le quatrième du *De Natura*. Vous voulez me suivre ? »

Tu m'étonnes qu'on la suit. On peut pas faire autrement. On n'a jamais vu des roploplos qui se permettent de telles libéralités de mouvement, et vissés sur un joufflu aussi bien ferme et tendu que ça. On est soufflé par le paradoxe, on voudrait intervenir pour mettre de l'ordre dans ce défi à la pesanteur : faire un peu plus chalouper son postère, et en même temps immobiliser tout ce qui déborde du corsage par de secourables paluchages. Mais on n'a pas le temps de s'attarder. Sans nous regarder, avançant au milieu du livresque labyrinthe, elle nous met en garde :

« Lucrèce, saint Jérôme raconte qu'il s'est foutu en l'air après avoir lampé un philtre d'amour. »

Elle s'arrête d'un coup, sort le Lucrèce de ses rayons, l'ouvre à la page idoine. Feuillette comme on gifle le cul d'un petit garçon pas sage.

« L'amour… l'amour… » susurre-t-elle.

On vient de croire en la réincarnation. On a compris que Marilyn Monroe s'est réincarnée en assistante de conservation du patrimoine, et que JFK vient de prendre possession de notre corps. Mais elle, elle continue sa lecture, et résume d'une voix rêveuse :

« L'amour… c'est le pire des poisons, le plus mortel, le plus dangereux. Mais le plus délicieux. La belle came. Sombre plaisir, mais seul vrai plaisir. »

Elle referme d'un coup le bouquin. Ça nous fait sursauter. Elle plonge son regard dans le nôtre :

« Car il n'y a de joie réelle que profonde comme la nuit, la dérive somnambulique et la folie. Plutôt ne pas vivre, que vivre sans être accro à l'amour, à cette came qui rend mataf, dingo et criminel… »

Et bientôt, elle est trop près pour qu'on puisse plonger encore dans son regard. Alors on ferme les yeux…

…

Maintenant on sait la chose. On sait qu'Épicure s'est planté. On sait qu'on aime tous passionnément aimer. Que la plus grande joie qu'offre la vie, c'est quand on se ronge les sangs pour l'autre, quand le toquant mène sa java déglinguée pour une caresse un peu trop appuyée, un baiser qui s'attarde au coin des lèvres. On adore cette ribouldingue des sentiments, ce pastis à l'entrecuisse, qui nous rend chèvre, chien, con à bouffer du foin et de la chatte, transi, grotesque, pantelant, gamin dans la nuit tenu par la main. Mais il vaut mieux souffrir cette délicieuse souffrance qui s'appelle aimer plutôt que se retrancher dans l'impassibilité des saints et des sages. La vie n'offre aucune torture plus exquise. Et à la fin, essoré et grabataire, esseulé, quand il ne restera que les hardes de nos souvenirs, la nostalgie de cette délicieuse folie nous étreindra... Qu'elle fut belle, cette vie, quand elle fuyait à travers les fêlures de l'amour et de la folie!... Qu'on est grand quand on s'égare!...

Nous sommes un pauvre pendule qui oscille entre la folie délicieuse de l'amour et la terreur de sa perte. L'âge et le pendule se stabilisent? C'est peut-être ce qu'il faut appeler la sagesse.

Ou bien des problèmes érectiles.

On est ressorti au bras de la bibliothécaire. On est frappadingue d'elle. On est fou d'angoisse quand elle est absente. On est fou d'excès quand elle est présente. On s'en fout de ne pas être sage. On emmerde la mesure, la sagesse, la science subtile de la jouissance. On emmerde Épicure.

Travaux pratiques

Exercice n° 1

Révise bien Épicure et tous les bonneteurs qui en font commerce. Ensuite, fais du gringue à quelqu'un. Calcule bien les risques dans l'amour. Et prends la décision de l'aimer dans des limites bien précises, maîtrisées grâce à la prudence du sage. Fais attention, par exemple, à ne jamais éprouver de la dépendance pour lui.

Et alors, un beau jour, entends-toi dire que tu es égoïste. Que ce n'est pas ton partenaire que tu aimes, mais toi-même, dans l'amour. Et que ce n'est pas de l'amour, mais de la pauvre petite masturbation précautionneuse dans le corps de l'autre.

Prends ça dans la gueule.

Exercice n° 2

Reviens sur tes pas, le dos voûté, des larmes plein les yeux, dans l'ombre de son chien. Demande au partenaire amoureux qui vient de te foutre à la porte une dernière chance. Révise Brel. Sois convaincant. Reviens dans l'appartement. Fais l'amour avec la violence désespérée de celui qui veut que l'autre lui appartienne absolument, fusionne avec soi, renonce à la possibilité de s'écarter de soi. Pendant que tu limes d'arrache-couilles, comprends bien que ce désir amoureux fusionnel est révélateur d'une incapacité à admettre que l'amour soit imparfait. Puis, lors du coït, pour te venger de cet absolu que tu ne pourras jamais atteindre dans l'amour, au moment précis de l'orgasme, tue ton partenaire, et bouffe-lui les organes génitaux. Après l'amour, grille-toi une clope.

Exercice n° 3

Éventuellement, il est concevable que tu appréhendes un peu l'exercice n° 2 en raison des poursuites judiciaires. (Cependant, le code pénal français, dans un article sur les actes de barbarie, ne définit le crime d'anthropophagie que lorsque l'ingestion de chair humaine est consommée sur une personne encore en vie.) En ce cas, tu peux utiliser la fonction cathartique de l'art, en matant avec ton partenaire *L'Empire des sens*, de Nagisa Oshima (1976) qui est une gifle splendide à l'épicurisme dans l'amour.

Exercice n° 4

Admets enfin qu'il n'est pas possible d'être sage et amoureux.

Seuls les dieux sont sages. Donc ils ne connaissent pas l'amour. Et c'est pourquoi ils jalousent les hommes. Lis la confirmation dans la totalité de la mythologie grecque et latine. Régale-toi avec le passage où Ulysse se contrefout de l'éternité et de l'immortalité divine que lui propose Calypso pour lui préférer sa bonne vieille marmite de Pénélope.

Assume le plus sereinement du monde d'être raide ribouldingue de la bibliothécaire, et envoie chier la sérénité.

Leçon n° 7

Marc Aurèle, Obi-Wan Kenobi contre les fils de Thor

Cours théorique

Les gens ont des idées, parfois... Il suffit qu'ils entendent « empereur romain » pour qu'aussitôt ils se berlurent avec une tata décatie en toge, chaloupante lopaille poudrée comme une vieille Niçoise. Ils se la voient déjà se goinfrant de tétines de truie fourrées au miel pendant que des négrillons en jupette de cuir et ballerines sautillent et s'entrechattent pour relancer la déclinante libido du vieux crevé. Mais non. Faut pas généraliser. Ainsi de Marc Aurèle, dont je voudrais bien te causer pour réformer ton jugement émoussé.

Jeune déjà, le futur empereur Marco se distingue : il tond ses impériales bouclettes pour se tailler une brave coupe skinhead. Il balance la pourpre impériale et la toge, prétexte pour s'attifer l'endosse des culs-terreux. Il aide ces derniers aux travaux des champs et couche à la dure.

Sa daronne s'en alarme et se fend de quelques babillardes inquiètes à Fronton, son coach. Car, que tu saches, attentif lecteur, qu'à l'époque les huiles se pavanaient en ville en compagnie d'intellos et de philosophes. Ils louaient leurs services à titre de conseillers d'existence... Grandeur de ces païens ! Nos actuelles têtes d'ampoules font des ponts d'or à des coaches en diététique ou en communication, à des Séguéla et autres fils de pub. Les Romains, eux, tapaient dans le philosophe privé, histoire de se vacciner quotidiennement contre la vénéneuse passion du pouvoir. Des exemples ? À la pelle en veux-tu en voilà : Néron était briefé par Sénèque – ce qui valut à ce dernier de finir exécuté parce qu'il était intraitable avec le coefficient de philo au bac de son cyclothymique d'élève. Alexandre le Grand ne sortait jamais de Macédoine sans son philosophe portatif – Onésicrite son timonier ou alors, quand ce dernier était en RTT, l'espèce de baba des Indes, Anaxarque, qui initia Pyrrhon au scepticisme. Et bien sûr, Marco avec Fronton puis Rusticus. À l'âge où les étudiants de Sciences Po apprennent à porter des pantalons de flanelle suffisamment larges pour se déculotter dans le premier cabinet ministériel venu, Marco, lui, se mangeait l'enseignement de Fronton, se goinfrait d'Épictète et d'Héraclite, et suivait l'entraînement des stoïciens. Entraînement, quésaco ? demanderas-tu, car le vocable sied mieux au sportif qu'au philosophe... Pas faux... Au programme de l'aspirant stoïcien : endurcissement de la volonté, maîtrise des pulsions, mépris de la mort et des plaisirs.

« Foutre ! diras-tu, lecteur amateur de gaudisseries, leveur de jambon à l'os et prompt au rigodon, voilà un chiantissime programme de remise en forme, idéal pour un pasteur luthérien battant sa femme parce qu'elle a bougé pendant l'amour. Mais moi, perso, un tel filon, je l'abhorre autant que je le redoute. »

Et tu n'as pas tort, perspicace ami. Car il faut imaginer le jeune Marc Aurèle assistant aux leçons de stoïcisme de son maître Junius Rusticus comme Anakin Skywalker en stage de sabre laser avec Obi-Wan Kenobi... Même rigueur, même austérité, même gueule coincée de samouraï. Même volonté bandée, contractée, serrée comme un anus avant le jour de la coloscopie. Le stoïcien, en ces temps de gladiatures et d'aruspices, est d'abord un guerrier qui lutte contre lui-même. Il cherche à dissoudre l'attachement irraisonné à son petit ego et veut en finir avec l'amour passionné de soi-même. Ainsi, en se détournant de l'illusion qu'il est séparé du monde, parvient-il à s'intégrer à cette grosse bestiole vivante qu'est le cosmos, c'est-à-dire le corps de Dieu. Mais attention, hein, pas un dieu à barbe et à péchés. Un dieu qui est la nature même, la matière grouillante de vie. Et rien à voir encore avec les couillonneries d'un Paulo Coelho, genre « guerrier de lumière »! Car les lascars, sitôt qu'ils rejoignaient la secte stoïcienne, se faisaient tatouer un point entre la cinquième et la sixième côte, à gauche. À l'endroit pile du toquant. Pour y planter la lame de l'eustache jusqu'à la garde si on tentait de les forcer à commettre un acte déshonorant... Tu l'imagines, toi, Paulo Coelho se chourinant tout seul, à grands coups de schlass dans les bureaux de Flammarion ?! Beuglements des secrétaires hystériques ! Glougloutis du résiné éclaboussant murs et moquettes !... Et tout ça parce que Coelho a de l'honneur, qu'il a relu ses épreuves et découvre l'étendue de ses cosmiques nunucheries...

Et donc, Marco (que je t'égare pas, assidu lecteur, *avec mes sauts et gambades*, comme disait Montaigne), sitôt qu'il reçoit son CDI d'empereur-du-monde-connu, lègue toute sa fortune à l'État, enfourche un rapide canasson et, recta, monte à la frontière de l'Empire, en pays ostrogoth. Là-bas, la castagne est sévère et l'intégrité du territoire est menacée. Les Saxons n'arrêtent pas de foutre le waï dans leurs noires forêts de Nibelungen. Ils veulent marave leur sale gueule de chanteurs de charme aux Macaronis, débouler sur toute l'Europe et nous jouer un avant-goût de 70, de 14 et de 39. Avec leur trogne de fans du Hellfest, leur casque à pointe à cornes et leurs chopes de bière taillées dans les crânes ennemis, les *Sturmgruppen* du Walhalla foutent la misère aux légionnaires. Et Marc Aurèle, rompu au combat intérieur grâce à la philosophie, plonge sans hésiter dans le combat extérieur contre les hordes teutoniques. Il court d'oppidum en camp retranché pour remonter le moral aux grivetons. Il partage la même ragougnasse de singe dans les mêmes galtouses plombées. Il boit le même jus de grenouille. Il se pagnote aux mêmes paillasses. Il réconforte les survivants, enterre les plus braves, médaille les moins braves, harangue les bataillons. Un séditieux profite qu'il est loin du sénat pour le troufigner et ourdir un complot de destitution ? Bésif, il commande sa tête ; on la lui apporte entre la poire et le dessert. Et il continue sa campagne militaire ! Te fout à sac et en vrac les thurnes prussiennes, bottant les teutoniques pétrousquins de son impériale tatane jusqu'à te les renvoyer se terrer dans la Schwarzwald, sous les noires frondaisons du frêne Yggdrasil!... À la fin, épuisé, rougi des carnages, pataugeant dans la germano-boyasse jusqu'aux hanches, Marc Aurèle se sent un peu patraque. Alors il prend un cachet mais rien n'y fait. Pire même, des bubons lui viennent sous les aisselles, des gros noirs qui pètent en souillant les draps. L'empereur fait mander un toubib. L'homme de l'art l'ausculte, boit ses urines, diagnostique un mal de dos, lui fait une saignée et l'arrête jusqu'à vendredi. Et Marc Aurèle calanche de la peste au milieu de ses guerriers.

On ne lui trouvera, dans sa cambuse d'officier, nul coffre empli d'or ou d'ambre blond de la Baltique, nulle esclave viking à la peau laiteuse volée à un roi du Danemark. Sa fille n'héritera en tout et pour tout que d'une liasse de papelards griffonnés en grec. Dedans, Marc Aurèle s'enguirlandait lui-même dès qu'il sentait du mou dans la corde à nœuds. Il s'y récitait de pleins passages de ses maîtres de jadis pour se remettre de la poigne au ciboulot. Il devait écrire ça tous les soirs, avant de mettre la viande dans le torchon. Ça l'aidait à faire le point pour savoir si aujourd'hui encore, il avait été un homme, un vrai, un dur, un tatoué. Enfin, un tatoué... Des ceusses qui se tatouent l'endroit où le couteau doit toucher le cœur, bien sûr. Pas de titre, pas de résumé. Normal, *Les Pensées* de Marc Aurèle, c'est pas un bouquin de philo pour faire joli, c'est un cours d'instruction militaire pour accomplir sa vie.

Mais il y a autre chose que je voudrais te bonnir, lecteur, à propos de Marc Aurèle et de ses *Pensées*. Quand tu descends vraiment en elles, tu découvres que cette voie du guerrier, cet incessant détachement de soi, il peut conduire à un état particulièrement espatrouillant, que Pierre Hadot qualifia de *sentiment océanique*. À force d'indifférence à l'égard de soi, à force de couler sa propre volonté dans le flux du monde, le stoïcien parvient à s'unir au cosmos…

Il me revient que je l'ai expliquée, cette stupéfiante communion sans LSD, cette extase sans transcendance, à un public de haut perchés. Mes gonzes yoyotaient de la touffe en résidence dans une clinique psychothérapeutique perdue au milieu des vignes du Minervois. Après que j'eus détaillé l'article, à la pause, une aguichante gniasse, le regard trouble et fragile comme une silhouette derrière du verre dépoli, s'avança vers moi avec les grâces infinies d'une funambule car elle savait, elle, qu'à tout instant la terre pouvait s'ouvrir pour nous engloutir, tous. Elle s'arrêta à ma hauteur, ses lèvres à une portée de baiser des miennes, son haleine chaude se mêlant à la mienne. On était en juin. Le soleil m'ébouillantait la coloquinte et mon sang tournait en un noir boudin. Elle parla :

« La communion avec le cosmos, ça m'arrive aussi.

– Ah », j'ai répondu dans un souffle en essayant de ne pas regarder ses tétins poirés en folle liberté sous son débardeur trois tailles trop grand.

Elle a continué :

« Ça s'appelle une bouffée délirante. Je sais que je suis Dieu et que Dieu est tout et que je suis tout. »

Elle a regardé le sol à nos pieds et d'un revers de sandale, elle a tracé une ligne dans le gravier entre elle et moi.

Puis, elle a relevé la tête d'un coup. Ses yeux bleu pâle m'ont pris à la gorge.

« Alors ça veut dire quoi ? Que je suis sage ? Que les philosophes sont des schizos ? »

Elle a montré la ville, au loin, par-delà les rangs de vigne :

« Et eux ? Est-ce qu'ils ont peur du cosmos ? Est-ce qu'ils ont peur de moi ? Et vous, est-ce que vous avez peur de moi parce que je suis Dieu de temps en temps ? »

Je n'ai pas su quoi répondre. J'ai fait mon docte, pour noyer le poisson. Elle a lentement cillé pendant que je m'envasais dans mon baragouin. La silhouette dans son regard s'est évanouie. Puis c'est elle qui a glissé loin de moi. Elle a tourné les talons et s'en est allée sur la sente de gravier blanc.

Je me suis trouvé seul en plein cagnard. Les cigales ricanaient comme des connes, à plein régime dans les platanes de l'allée qui menait aux résidences.

Jamais je ne me suis senti aussi loin du monde et des hommes.

Travaux pratiques

Les écrits d'Épictète abondent d'exercices spirituels auxquels s'entraînait certainement Marc Aurèle. Citons-en quelques-uns pour mémoire et pêle-mêle.

Exercice n° 1

Face à une danseuse sévèrement aguichante qui pourrait vite te faire tourner sinoque, inspire un bon coup, décortique sa très galbeuse plastique, et n'admire plus le fuselage des abattis, le rebondi du panier à crottes, le balansticage des boîtes à lait. Mais détaille la ligne des muscles, les nervures qui les gainent, le jeu des articulations parfaitement huilées. Ainsi reconquiert-on l'empire sur ses sens. Et ainsi loupe-t-on un sacré coup.

Exercice n° 2

Épictète préconise d'avoir soif, d'attendre d'avoir très soif. Puis de porter l'eau à ses lèvres. Mais de ne pas boire. Pur exercice de stoïcisme, croit-on, mais assez facile à réaliser. Essaye plutôt avec un saint-véran (anciennement déclaré beaujolais blanc, en fait un mâconnais avec l'AOC) sur une truite aux amandes, après tu reviendras me voir.

Exercice n° 3

Essaye de ne plus faire qu'un avec le monde. Reprends l'exercice n° 2 mais à l'envers. Bois du saint-véran, continue de boire, persévère mais sans avoir soif. À la deuxième quille, les frontières entre toi et le monde sont poreuses. À la troisième, tu ne sais plus si c'est toi qui te vides dans le monde, ou si tu es le monde qui s'emplit de toi. Sans doute t'approches-tu alors du sentiment océanique. Toujours est-il que tu dégueules.

Exercice n° 4

Aller aux arènes pour voir les gladiateurs et repérer ceux qui n'ont pas froid aux yeux pour en copier l'attitude quand ça finira par nous tomber sur la gueule. Bon, aujourd'hui, il n'y a plus trop d'arènes où l'on jette les chrétiens aux fauves. Il n'y a plus beaucoup de chrétiens non plus et c'est bien dommage pour les lions. Mais il y a toujours moyen de se mater un bon match de Mixed Martial Arts en Belgique. Si ça sert à l'édification morale et spirituelle du public, pourquoi donc l'interdire en France ?

Leçon n° 8

Maître Eckhart, Iggy Pop chez les carmélites

Cours théorique

Alors, de là où je suis, je t'entends gueuler à la resquille, cher public. Je quitte bientôt l'Antiquité, ses courses de chars, ses toges et ses tongs pour te balancer recta dans la pire modernité, éclairage au gaz, chemin de fer et le toutim. Pas d'entre-deux ? Et la philosophie médiévale ? Et la Renaissance ? On n'a donc pas philosophé à l'ombre des cathédrales, en brocart rehaussé de joncaille, hennin de princesse et pourpoint de gentilhomme ? à jouer du flûtiau dans les cours de châteaux, entre le lévrier, le baladin jongleur et le bouteur de Sarrasin hors des frontières de la doulce France ? Rien ? Peau de nibe ? Le Moyen Âge, éclipse de l'intelligence ?… À te lire des fias comme Onfray avec sa chemise blanche et sa mèche, ou Ferry, avec sa mèche et sa chemise blanche, ou Comte-Sponville avec sa mèche blanche et sa chemise, tu te dis, ah ben oui, d'accord, c'est les temps obscurs. Marmottage de missel et barbotage dans les eaux troubles et crasseuses de la bêtise enchristardée...

En ces temps reculés et maudits, la religion gouverne tout, c'est un fait, et Dieu rend con. Plus la nuque se courbe, plus le cul se dresse – et c'est pas une posture qui rend hommage à l'intelligence. Tout ça démarre avec Justinien, un empereur romain qui se la pète dictateur à cravache et trouve une juteuse combine : il décrète que le christianisme deviendra la seule religion officielle. Pour ça, il lance une nouvelle mode : la chasse aux juifs. Où l'on voit que pour une partie du clergé, qui adore faire la poucave et balancer les feujs aux Boches en 39-45, le combat continue. Mais l'astuce ne se résume pas à imposer le christianisme et à détruire le judaïsme dont il est une école dissidente. Justinien continue sur sa lancée et interdit l'enseignement de la philo. Précisément, car il est vicelard, il coordonne une putain d'entreprise de détournement de fonds... La philosophie fait de chaque homme son propre sauveur et transfigure la vie concrète ? Eh ben la théologie ordonne qu'aucun homme ne peut assurer son salut sans le Christ, et que la grande affaire de la vie, c'est de préparer sa mort... Détournement des énergies destinées à la vie. Puissance de mort. Haine de la joie. L'invention de la croyance en Dieu est d'abord une machine politico-énergétique destinée à châtrer les hommes. Ah ! et tiens, j'oubliais, pour compléter le tout, le drôle dans l'affaire, c'est que Justinien interdit aussi les jeux de dés !... Marrant de constater que le pouvoir a toujours la phobie du hasard, et qu'il met dans le même sac l'amour du jeu, du risque et l'amour de la sagesse. Marrant aussi de savoir que la bonne santé d'un régime politique peut se mesurer à la place qu'il laisse aux juifs, aux joueurs et aux sages…

Donc la philosophie est tuée par la religion… Mais bon, ça veut pas dire que le Moyen Âge n'a pas pensé… Si je m'écoutais, moi, je t'écrirais une babillarde bien léchée consacrée à Maître Eckhart, Teuton prêcheur chez les dominicains. Pour lui, les pires impies, les enfants de Satan, les raclures de bénitier sont ceux qui croient en Dieu et lui adressent des prières. Allez… En veux-tu savoir un peu plus ? Louable curiosité, lecteur mon camerluche ! à laquelle je ne résiste pas… Alors que je te détaille un peu l'animal et ses prêches… Quiconque se fait une idée sur Dieu trahit Dieu, beuglait-il, l'index furibard pointé vers les cieux. Eckhart faisait la tournée des monastères de nonnes. Comment ça devait avoir le pétoulet centrifuge chez les frangines, quand il déboulait dans la carrée et attaquait ses sermons !… Des barrières anti-émeutes à l'entrée des églises, ils devaient mettre, les gardes suisses, tellement ça devait mouiller sous les cornettes !… Il engueulait comme ça les ratichonnes, en leur interdisant de prier et même de croire en Dieu. Il leur parlait d'un Sur-rien. Il leur disait qu'il se sentait comme une bonne femme, avec un polichinelle dans le tiroir, au bord de la pisser, sa côtelette. Et dès qu'il prêchait, c'est comme s'il allait accoucher en direct. Comment ça devait geindre dans les coulisses à cette annonce… Mais lui, il continuait son boniment et il disait comme ça que dès qu'il leur faisait la leçon sur Dieu, c'est comme s'il accouchait… du néant. Il leur demandait de cultiver un détachement à la bouddhiste, absolument détaché de tout, même de Dieu. À la fin, tellement ça commençait à lui courir sur le haricot, au pape, cette espèce d'Iggy Pop chez les carmélites, il l'a encabané. Un matin on ouvre la geôle parce qu'il ne répond pas à l'appel... On entre... Maître Eckhart est par terre, la trogne bleuie, la langue sortie. Mort étranglé. Par qui ? Va-t'en savoir... Attentat autrement plus sulfureux que celui de Lee Oswald, en tout cas.

Un mec, dans les années 1950, Cioran, que je te causerai peut-être, on lui demandait s'il croyait en Dieu. Il faisait silence, et un grand sourire carnassier barrait sa gueule de Roumain ravagé par le nihilisme. Alors il répondait : « Dieu ? qu'est-ce que j'en ai à foutre ? J'en ai pas besoin, j'ai Maître Eckhart. » C'est dire.

Travaux pratiques

Exercice n° 1

Adresse-toi à un docteur de la foi, fais-toi inviter chez lui. Rends hommage à son intelligence, et conduis-le par de discrètes digressions à quitter les lectures littérales et univoques de ses textes, pour envisager des herméneutiques toujours plus riches. Prétexte ta bêtise. Demande ses lumières. Il en sera honoré.

Mais il ignore, le bougre, qu'une exégèse plus subtile est toujours plus ambiguë. En vérité, conduis-le sur les rivages tendancieux de la théologie apophatique. Au nom d'une vision toujours plus fidèle à un Dieu que tout langage humain réduit au rang d'idole de l'intelligence humaine, notre ouaille très pieuse doit tomber dans un mutisme stupéfait, et brûler ses propres textes sacrés. Filme la scène, balance-la sur YouTube et rigole de ton mauvais coup en attendant les fatwas, anathèmes, excommunications, et autres *herem* qui ne vont pas manquer de pleuvoir… C'est toujours plus drôle de voir un chrétien brûler sa Bible, un musulman cramer son Coran ou un juif son Talmud, que de voir un abruti de pasteur amerloque passer un coran au barbecue.

Exercice n° 2

Mettre en scène le scandale de l'absence pour en appeler à une présence désirée. Dans un ciné-club en plein air, détourne les bobines de *Shrek 3D*, et substitue-leur *Hurlements en faveur de Sade*, de Guy Debord.

Exercice n° 3

De même, et pour les mêmes raisons, s'introduire nuitamment dans les chiottes d'un musée d'exposition d'art contemporain et faire sauter les pissotières. Signer l'attentat-performance esthétique par le tag « *FFFF* » (*French Filosopher Fighting Force*).

Exercice n° 4

De même, et toujours pour les mêmes raisons, dans le même musée ou dans un autre, coller subrepticement et à l'insu du gardien sur un mur blanc une vignette où il est signalé :

« Kasimir Malevitch.

Carré blanc sur fond blanc.

Exceptionnellement, pour cette exposition, l'œuvre de l'artiste a été sortie de son cadre. »

Leçon n° 9

Guillaume d'Ockham, le surineur du pape

Cours théorique

Le croiras-tu, lecteur mon poteau, j'ai beau jouer au philosophe, les concepts m'emmerdent et je les soupçonne de vouloir péter toujours plus haut que leur cul. Le réel est tellement hors d'atteinte qu'il faut être bien con pour s'accroire capable de l'enbocaler dans le formol des idées claires et distinctes. Pour moi, je sens toujours l'entourloupe métaphysique et l'affurc bien glandilleuse derrière les tartines conceptuelles. Mais vu que je suis infoutu d'avoir des idées bien à moi et comme je suis ouvert comme une vieille pute à celles des autres, je me méfie de tout ce qui se revendique comme système autosuffisant. À mes yeux, la philosophie reste à sa place, modeste, quand elle demeure une sous-catégorie de la littérature fantastique. C'est pourquoi je caracole après les images moi, plutôt que carburer aux grandes idées et aux thèses à mille pages, et j'ai besoin de me berlurer de tableaux édifiants... De me faire mon petit cinoche avec mes philosophes à la campagne, à la taverne, à les voir comment ils baisent, morganent et s'ils se pichtegornent, et avec qui...

Consens donc, lecteur, à te laisser guider par moi dans les venelles de la Cité des Papes. Imagine... On est en pleine médiévalerie engargouillée façon Viollet-le-Duc... Ici, un rabouin montreur d'ours sur la place des Carmes... Là-bas, des gardes suisses en livrée d'or et d'azur guisarme au poing à l'entrée du verger d'Urbain V... Plus loin, des pécores tout breneux sentant le chou et la vieille rave en grappes braillardes et avinées... Ils descendent justement la rue des Fourbisseurs, passent par celle de la Banasterie et échouent dans un bourdeau avec d'épaisses gagneuses, épongeuses de culs-terreux à trois sols la passe... Imagine aussi au bout de la rue de la Carreterie, dans l'ombre de la poterne Saint-Lazare, des pierreuses de rempart, ombres faméliques et griffues, au tétin dégorgé... Croupionnantes vestales foutant la braise aux braies des voyageurs venant de Sorgues et Carpentras... Imagine encore, copain lecteur, des ratichons processionnant par les ruelles, marmottant leurs patenôtres en riboulant des calots fiévreux au passage de ces dames... Oh, c'est que je l'imagine bien, moi, mon Avignon, en 1330, sous le fort luisant de Provence, mijotant dans ses murailles, empéguant le pissat, la soue et l'encens... Et en son palais, la vieille baderne ergotante de Jean XXII excommunie d'une main, rafle les trésors de l'autre. Je la vois bien, comme devant moi... Elle se pâmoise à l'abri de son baldaquin avec quelques enfants de chœur assurés du paradis pourvu qu'ils l'aident à monter urbi en orbite...

Va pas croire pour autant, lecteur, que rien ne m'échauffe plus les sens que de guégner à la serrure des amours interdites de la curaille se huilant d'extrême-onction pour mieux s'enfiler la sainte hostie. Car ce dont je veux te bonnir, ami, c'est d'une rencontre qui eut lieu certainement en ces murs et en ce temps et qui laisse songeur...

Ils sont deux, ensoutanés et guère commodes, l'œil furibard et les mâchoires serrées itou. Tous les deux ont été encabanés par le pape. Et certainement, ils ont dû se retrouver au détour d'une résidence surveillée, d'une convocation au tribunal, ou à négocier une ligne de défense en consultant les grimoires de la bibliothèque de l'évêché. L'un des deux, tu le connais, c'est le solide Teuton que je viens de te causer, Maître Eckhart, qui beugle à qui veut l'entendre que parler de Dieu, c'est le blasphémer. Et l'autre, c'est un Rosbif. Lui s'est fait arquepincer par la maison Poulaga du Saint-Siège rapport à ses positions sur la question de la pauvreté. Guillaume, il s'appelle. Guillaume d'Ockham. À l'heure où tout le jonc accumulé par la taille, la dîme et la gabelle fait craquer les gonds des ecclésiastiques coffiots, Guillaume d'Ockham, donc, gamberge à toute vapeur sur la propriété. Le British pressent la fine saillie de Proudhon et il prêche un propos comac à l'adresse de ses frères et sœurs... L'ensoutanerie, déclare-t-il, doit balancer tous ses biens, les filer aux loquedus et s'en aller, une main devant une main derrière, comme le Galiléen clouté, mastéguant le bricheton de la mangave et buvant la lancecaille à la fontaine. Ou alors, si la pauvreté individuelle effraie la curaille, qu'elle administre collectivement les murs, les champs et les prés ! Qu'elle s'essaye à une autogestion absolument libertaire, communiste et préfigurant la Catalogne de 1936... Il foutit un joli boxon chez les ratichons, l'animal ! Suivre l'exemple du Christ exigeait de démolir la sainte propriété, de collectiviser tous les biens de l'Église, et de fermer sa grande gueule dès qu'on voulait parler de Dieu. Une espèce de Bakounine en soutane qu'il était, communiste avant l'heure. Dans le sillage de ses théories pétroleuses et de celles de son poteau Bonaventure, s'engouffra toute une tripotée de moines clandestins qui préparaient la Grande Tribulation comme ils disaient, sorte de grande répétition générale de 1917, avec prise du Palais d'hiver et grande zigouille antibourgeoise. On se doute que le pape convoqua le ci-devant anarcho-franciscain pour exiger l'autocritique de ses thèses déviationnistes...

Mais peau de nibe. Le marchage sur la gueule enflamme le Britton plus qu'il ne le fait taire. Et le voici qui surenchérit en exigeant recta et bésif qu'on foute à la verse tout ce qui dans le dictionnaire est mot creux et trop général pour être honnête. Dur coup pour l'attirail intellectuel de la théologie, vieille baudruche sémantique ne renvoyant à aucun être en particulier. Ce que Lévi-Strauss fit en 1953 en montrant que le racisme n'était qu'un mot car il ne reposait sur aucune réalité biologique, le « nominalisme » de Guillaume l'aura déjà fait subir à la pseudo-science médiévale farcie de charabia occulto-religieux. C'est ça, le fameux « rasoir d'Ockham », le mirifique schlass qui taille dans les mots pour laisser apparaître, au travers des grandes lardasses, la lumière par où brillent les choses.

Imagines-tu maintenant ce que put être la rencontre de ces deux beaux mecs ? Comparé à ça, Staline et Roosevelt à Yalta ? Peuh ! Pipi de chat !... Les épiciers de l'après-guerre se sont découpé l'Europe comme des argougneurs de bestiaux se partagent un quartier de bœuf. Mais mes deux gonzes à moi, dans le secret d'une chapelle ou sous les arcs-boutants d'un cloître, venaient d'exploser le langage et lui faisaient porter le deuil de l'absolu. En sapant toutes les prétentions à dire l'essence, ils nous foutaient le nez dans l'existence... Sartre a rien inventé de plus, sinon le mélange ouiski-mescaline et le théâtre chiant.

Eckhart, je l'ai narré *supra*, finira la gueule ouverte, la menteuse dehors et bleue comme le cul d'un gibbon. Guillaume, qui sent le vent du boulet, met les bouts fissa, selle un canasson et se carapate en Bavière. De là, il continuera de foutre un merdier pas possible dans toute la chrétienté. Dans son *Court traité du pouvoir tyrannique*, il s'escrime à démontrer que le pouvoir politique doit se séparer du pouvoir religieux. En plein Moyen Âge ! Et dire qu'aujourd'hui, il existe encore des cons pour vouloir foutre Dieu au parlement et les femmes sous des sacs !... Le rasoir d'Ockham pour ces sales barbes-là !...

C'est comme ça. L'humanité n'a pas fait que porter la haire et le cilice pendant mille ans. La gamberge avait sa place malgré la chape de plomb pontificale. Mais bon, la leçon suivante, hop ! promis juré, on attaque les modernes... Et là, mon pote, parole d'homme, ça va saigner chez les mauvais garçons...

Travaux pratiques

Exercice n° 1
Sois à l'écoute de ton corps, et découvre qu'il est insaisissable. Tout au plus es-tu traversé par une sensation particulière, ou une autre, une pointe de douleur localisée en un endroit précis, une zone excitée par un tissu, une position... mais jamais tu n'as eu la connaissance, l'expérience de cette prétendue chose globale, totale, qui s'appelle « ton corps ». Fais l'expérience dans ton bureau, assis sur une chaise. Tente de percevoir ton corps. Refais l'expérience au plume, à pied, en bagnole, n'importe où... Assis, par exemple tu perçois essentiellement deux ou trois choses : ton cul talé, le haut de ton dos voûté, un peu ta vessie dilatée, ton nez qui gratte... Mais de corps, point... Nul n'a jamais saisi « son corps ». Le plus drôle, c'est en voiture. Surtout si tu écoutes la radio. Le corps est évanoui. Pschitt !... Envolé, épluché au gré des virages, abandonné... Flocons astraux dans la traîne laissée par le pot d'échappement... Un conducteur, y en a un... Un corps conduisant, y en a pas... Alors qu'est-ce que c'est le corps ?... Un mot qui ne renvoie à aucune réalité concrète. Débarrasse-toi donc du « corps », si tu veux être concret. Hop ! Au rasoir d'Ockham !... Le marathonien Murakami le sait bien, qui s'est pris la tête tout un bouquin durant pour essayer de se tirer le portrait en coureur de fond. Le résultat, c'est qu'il n'arrive pas plus à cerner son corps que son esprit quand il galope. Les littérateurs ont dit que c'était un bouquin brouillon et bavard. Mais on ne peut

pas être autrement quand on cherche où on a bien pu mettre son corps. Et tous les sportifs le savent bien : dans l'effort, ils ne pensent plus à leur corps. S'ils y pensaient, ils se casseraient la gueule. Alors, le corps ? Un mot, une berlure qui ne renvoie à aucune substance.

Comme quoi les métaphysiciens les plus barrés ont quitté les églises pour se retrouver dans les clubs de muscu.

Exercice n° 2

Va au bistro en bas. Installe-toi à une table non loin d'une jolie fille. Sors ton petit calepin et écris : « Elle n'est pas une jolie fille… » Puis continue. Cherche à la décrire dans sa singularité en te hissant hors des généralités. Évacue tous les mots creux : « belle », « bonne », « fille », « chevelure », « courbe », « chute des reins »… Toutes les belles filles qui sont bonnes ont une chevelure et une courbe au niveau de la chute des reins. Qu'a-t-elle de spécial, celle-là, d'unique qui t'oblige à briser les conventions de langage et à produire des mots qui révèlent son caractère unique, singulier ? Vas-y, accroche-toi… Observe-la pour ce qu'elle est : unique, irremplaçable… Écris… Écris encore…

Une fois le travail achevé, offre ton texte à celle qui est devenue plus qu'une jolie fille. Renouvelle l'exercice tant que la jolie fille refuse le cadeau avec un air pincé et qu'elle te traite de « malade, poète raté, casse-toi ou j'appelle les flics ».

Une fois au poste, installe-toi dans ta cellule, non loin du brigadier-chef. Sors ton petit calepin et écris : « Il n'est pas un brigadier-chef ordinaire »…

Leçon nº 10

Machiavel, l'étrangleur aux yeux d'ange

Cours théorique

De moderne, en voilà un, justement. Il déboule sur mon petit théâtre au moment même où on découvre les Amériques. De qui te causé-je ? Ha ha !… Parlons de la carlingue avant d'ouvrir le capot et de bigner le moteur, si tu veux bien…

Tu diras que j'insiste, mais pour connaître un gonze, il suffit de regarder sa tronche. C'est pas du délit de faciès, c'est de la physiognomonie croisée avec de la caricature. Regarde les rides de front, celles aux commissures des lèvres, la place du menton par rapport au larynx… Regarde marcher, s'asseoir… et tu sais tout d'un mec. Son rapport à la fesse, au pognon, à l'envie, à la peur, au pouvoir… Vois Claude Guéant comme il était. Ses petits yeux glacés, sa bouche taillée au rasoir, sa peau flaccide et molle… Et Royal, son doux sourire flottant rêveur, son cou d'albâtre tendu vers le devant, la gaze soyeuse de sa mèche… Tout est dit sur eux dans leur corps et leur face… Y a pas de fond chez ces gens-là. Pas de programme non plus… Des travers et des élans physiologiques, des humeurs qui les brassent et les transportent… Mate les tronches, mon pote !… L'âme est sur la peau, autour du corps, elle flotte comme une buée… Plutôt que connaître, moi, je préfère croquer.

Alors justement, Machiavel, pour s'en faire une idée, il faut lui décortiquer le portrait. Connais-tu le tableau qu'en brossa Santi Di Tito ? Une croûte accrochée au vieux palais de Florence. Machiavel y a une fine gueule de renard, et pourtant guère chafouine. L'œil nous peine presque, tellement il est désespérant de franchise. Candide même. Renard affûté mais pas Goupil. Les lèvres sont fines et dessinent un petit sourire, de celui qui veut pas déranger. Tout le cassis à Nicolas Machiavel respire l'intelligence et la nuance, et surtout pas le cynisme et la crapulerie… Maintenant, observe sur quel genre de carcasse se visse la petite tête d'ampoule… Élargis le champ… Surprise ! Machiavel est baraqué comme un fort des halles, un boucher de la Villette ! Il porte une espèce de blouse noire comme la mort, avec des manches qu'on dirait trempées dans du résiné frais. Des bras gros comme ma cuisse. Et ses paluches !… Ah mordiou ! Tout Machiavel tient dans ses paluches… Des mains d'étrangleur, ça madame, massives, attendant le kiki à serrer… L'une enveloppe un bouquin couleur chair, l'autre, une espèce de bitoniau qu'on sait pas ce que c'est, étui à lunettes, téléphone portable… Mais on n'est pas dupe… À la prochaine mémé qui passe, c'est sûr, Machiavel lâche tout, libère l'enfer. Et il te broie les cartilages épiglottiques et thyroïdiques de l'aïeule comme des chips dans leur sachet fraîcheur !

Y a de ça chez Machiavel. Une tronche qui respire l'amour de la complexité et de la nuance sur un tas de bidoche façonnée pour les rings de free fight. Pas une intelligence brutale. Une intelligence *de la brutalité*.

Eh ben tout est là. Des salopiauds ont dit de Machiavel qu'il était machiavélique. Mais pas du tout. Simplement, Machiavel s'est contenté de repérer la toute-présence de la violence en politique. Ça en fait pas un violent pour autant, mais ça suffit pour énerver le trèfle. Les gens sont comme ça. La lucidité les rend dingues. Ils préfèrent tuer l'oculiste plutôt que de porter des lunettes.

Machiavel, on lui aurait annoncé que les siècles l'iraient canoniser en philosophe, ça l'aurait fait marrer. Le Florentin est d'abord un brave type qui désirait unifier la Ritalie. Il voulait en finir avec les incessantes riflettes de hobereaux qui guerroyaient à grandes palanquées de mercenaires bataves, de lansquenets ou d'arquebusiers hongrois. Pendant ce temps-là – et ça foutait à l'envers le brave Machiavel –, le populo clapait la gueule ouverte. Lui, Nicolas, il rêve à la République, au peuple enfin considéré. Mais manque de pot, il se met à conseiller des margoulins matois un peu trop conspirateurs, et paf ! il finit enchtibé, torturé, et bien sûr honni par l'Église qui mettra sa prose à l'Index. Quand tu lis son *Art de la guerre* ou ses *Discours sur la première décade de Tite-Live*, tu vois que c'est d'abord un gonze blanc-bleu, tout ce qu'il y a d'honnête, qui cherche à bidouiller un peu d'intérêt général dans un pays déjà de son temps berlusconisé à mort.

Tout le monde ne lui connaît qu'un bouquin, *Le Prince*, qui est, il faut bien le reconnaître, assez bordélique. Mais la faute à qui ? C'est la politique elle-même qui est un gigantesque boxon, un lupanar monumental, où une chatte ne retrouverait pas ses petites bites, où tout le monde s'entroufignotte, se baise et s'entrefout. Ni morale, ni dessus, ni dessous !... Les affaires des hommes sont livrées aux coups du sort et de la fortune, aux rebondissements et aux imprévus. Les révolutions ne sont pas des balbutiements ou des erreurs de l'Histoire mais sa course normale, son déploiement naturel. L'émeute, le basculement des rapports de force, le surgissement de l'inattendu, l'irruption du chaos, c'est la règle. Et les braves énarques, le pif sur leur courbe de croissance et la règle de 3 % enfichée en leur cul pâle, n'y peuvent rien. Tout n'est que flux, mouvement, métamorphose, révolutions et marées d'équinoxe. Sitôt qu'il est au sommet, le Prince peut compter les heures qui lui restent avant la destitution, la défenestration et le déboulonnage de ses statues. Ce bordel tourbillonnant sans queue ni tête s'appelle la politique. Ici, les seuls qui parviennent à faire quelque chose doivent être prêts à tout, sans retenue ni inhibition. Si les conditions les y contraignent, qu'ils frappent donc, qu'ils frappent, grands et petits, femmes et enfants, sans honte ni vergogne...

Parce que l'autre tour de force intellectuel de Machiavel, c'est d'avoir dé-moralisé la politique. Je te narrais tantôt les trépidantes aventures des empereurs romains. Ces derniers avaient presque tous leur coach en philo. En ces temps naïfs, on croyait qu'il suffisait, pour entrer et rester en politique, de se passer l'âme au polish de la morale pour bien la faire reluire. Un bon politique ne devait pas succomber aux accès de rage ou d'épilepsie induits par un régime trop carné et des ascendances un peu trop congénitales. Avec Machiavel, on quitte l'antique et le médiéval et on entre de plain-pied dans la belle désilluse... La politique est quand même plus compliquée qu'un excès de bile, constate le Florentin. Elle est une technique pointue de jonglerie avec des tas de paramètres, et l'homme de gouvernement doit avoir les châsses en face des trous. Faut arrêter les contes de fées... Le politique ne monte pas au pouvoir parce qu'il est gentil ou que ça fait plaisir. Seulement, au fur et à mesure de son ascension vers le pouvoir, il s'est inséré dans un jeu complexe de frictions, de puissances, de rapports de force. Quand la force du pouvoir domine, on dit que l'ordre règne. Quand se présente une autre force qui conteste, mais en vain, et qu'elle est dominée, on dit qu'elle est une violence illégitime. Mais « ordre », « violence », « légitimité », c'est des mots creux qui ont besoin du rasoir d'Ockham... Il n'y a que les rouages glacés de la machinerie d'État. La guillotine était-elle méchante ? Non. Elle était efficace. En politique, depuis Machiavel, tout ce qui est gentil est menteur.

Dieu m'est témoin que je suis pas ami des pandores et des schmitts, mais quand je vois les *Indignés* sur les places européennes, je suis saisi par des envies de prendre la tête d'une section de bleus pour donner l'assaut sur toute cette bande de joueurs de djembé en dreadlocks, bracelets brésiliens, tongs et pantalons en lin. Ces demi-sel sont « indignés »... La pire des erreurs, en politique, c'est l'indignation. Comme s'il fallait être digne pour faire de la politique ! avoir des retenues morales et des égards ! Tous ces grands couillons nettoient les places où ils ont manifesté (parole d'honneur : je l'ai vu) ; dans les AG, ils applaudissent sans battre des mains pour pas déranger le voisinage (itou) ; et, sommet de l'abjection morale, ils ont des *commissions de respect* (sic) pour interdire les bières dans leur campement (les ordures !) Tous ces grands dépendeurs d'andouilles végétariens et asexués feraient mieux de relire Machiavel. Ils apprendraient que la politique est le règne de la force et que quiconque refuse l'exercice de la violence a déjà perdu le combat. Quiconque s'indigne de l'exercice de la violence, chez l'ennemi ou chez soi, celui-là laisse faire l'ennemi. Ils pourraient au moins se souvenir par exemple de Gandhi donnant l'illusion d'être pacifiste par-devant. Mais c'était pour mieux endauffer la couronne britannique par-derrière, car ses grèves mettaient à genoux l'industrie textile. Si c'est pas une violence déguisée, ça, que de taper au lazingue des patrons !... Gandhi ? Derrière son sourire marloupin de pseudo-pacifiste, Gandhi fut le premier skinhead...

S'ils m'écoutaient, les *Indignés*, peut-être ils achèteraient des pistolets à grenaille, avant d'occuper les places et d'attendre gentiment que les matraques des bourres leur défrisent leurs dreadlocks. Une réplique de Beretta, un 92F noir, tu la trouves à cent euros sur Internet.

Ensuite, ils te foutraient un coup de perceuse dans le canon pour faire sauter la chicane et débrider le flingot. Et à la place d'acheter des cartouches de petits plombs pour effrayer les piafs, ils pourraient en mettre des vraies. Pas du 9 mm, ça ferait sauter le fut et leur main avec, mais un calibre plus petit, du 7.65. Balancée dans le canon, la balle doit se sentir un peu comme une bite de teckel au cul d'un dogue allemand. Mais au moins, quand la charge explose, y a un peu de gaz qui s'échappe sur les côtés. La pression se fout pas dans tout le canon, et ça limite les chances de finir manchot.

Enfin bon, ce que j'en dis, moi... Qu'ils commencent déjà par lire Machiavel, les *Indignés*, ça les lavera de leur indignation, et ça les purgera de leur excès de moraline... Après, ils prendront peut-être d'assaut les commissariats, videront les râteliers de leur dotation en fusils à pompe et monteront sur le parlement. Mais qu'ils commencent déjà par lire Machiavel, les *Indignés*, que ça les dépucelle des bons sentiments...

Travaux pratiques

Exercice n° 1

Joue les blancs aux échecs. Refuse-toi, parce que t'es les blancs, des déplacements de pièces malhonnêtes, c'est-à-dire en diagonale. Et de même, annonce à ton adversaire les embuscades que tu lui dresses dès que tu planifies à plus d'un coup. Ne t'étonne pas ensuite que les noirs gagnent.

Exercice n° 2

Souviens-toi de l'exercice n° 1. Prends simultanément ta carte aux deux partis opposés sur l'échiquier politique de ta commune d'élection. Participe à la vie des deux sections dans le plus grand secret. Consigne jour après jour les coups bas, veuleries et autres vacheries qui s'échangent. Prends ensuite une part plus active à la vie politique selon trois options :

Option A : cherche à faire converger les deux listes en direction de l'intérêt commun des habitants de la commune et, au finish, fais-toi exclure des deux sections.

Option B : publie tes carnets de campagne juste avant les élections, et entraîne-toi à l'apnée avec des palmes en béton.

Option C : travaille d'arrache-pied à monter des complots shakespeariens entre les deux listes pour qu'à la fin, la commune se retrouve sans un homme politique valide pour briguer une mandature. Convoque la presse, monte au balcon de la mairie et proclame ta commune comme la première place forte, libre et autogérée de France. Attends l'arrivée du GIGN. Ne fais pas de gestes brusques. Allonge-toi au sol lentement en dégageant bien tes mains.

Leçon nº 11

Descartes, Bob Denard contre les aristotéliciens

Cours théorique

Descartes n'était pas cartésien. Il n'était pas ce cul-de-plomb dont parlent les pisse-froid effrayés par ce qui dépasse leur pauvre imagination de préparateurs en pharmacie. Imagine un peu le vrai René… Depuis sa plus tendre enfance, ce type passe la moitié de sa vie au paddock, refusant d'en sortir avant la mi-journée. Il y reste, dans les plumes, sans en branler une. Pas même un peu de lecture ou d'écriture. Rien de rien. *Niente.* La glande totale, fenêtre ouverte, à humer les bonnes odeurs de la rue, à rêvasser sur les mouches dans le rayon de soleil, à écouter les rombières s'empéguer sur le prix du navet… Un chat fainéant, Descartes…

Sitôt qu'il finit ses études, il plie ses gaules hors de Touraine. Il calte à Paname, puis monte toujours plus au nord pour répondre à l'appel des armes. Il s'engage comme officier mercenaire, zone dans toute l'Europe en guerre. Il y gagne son carbure de malhonnête manière par le droit de pillage sur les champs de bataille. En temps de paix, il accumule un petit pécule dans les garnisons. Il tape les brêmes avec des abrutis *étourdis à coups de pétun* et boulotte leur paye au poker. Ce petit bas-du-cul n'a guère le temps de s'ennuyer : il se prend la tête pour savoir comment monter des lunettes astronomiques à borgnotter les animaux dans la lune. Il cache ses traces à l'Inquisition quand il découvre les mêmes équations que Galilée. Il se fait appeler frère par son valet à qui il enseigne l'arithmétique – lequel deviendra l'un des meilleurs mathématiciens de son temps. Il éduque un modeste cordonnier jusqu'à l'élever au rang d'astronome émérite. Il erre dans les ruines de Prague au milieu des soudards qui violent et pillent, pour rechercher les mystérieuses machines de Tycho Brahe. Il traverse l'Europe à la recherche des Rose-Croix, s'installe dans des meublés au milieu des abattoirs et des boucheries pour récupérer les meilleurs morceaux des bestiasses, les disséquer et faire progresser la connaissance anatomique. Il se prend des trips sans LSD qui le persuadent qu'il doit découvrir la science totale, repère dans des craquelures de plâtre des signes pour fonder une nouvelle mathématique, refuse d'écrire son *Discours de la méthode* en latin pour être entravé des femmes et des petites gens qui ne sont pas allées à l'école... Enfin, au soir de sa vie, là où pour d'autres, l'aiguillon de paillardise s'émousse, lui il nique en long en large et en travers une reine bisexuelle et érotomane. Enfin, pour conclure, il se sent tellement vert et bossu des braies qu'il embraye sur un étonnant petit *Traité des passions* où il explique qu'il ne faut surtout pas lutter contre ses passions mais y aller franco de port et hardi petit.

En fait, le truc pour comprendre Descartes, c'est qu'il ne faut surtout pas commencer par se fader le *Discours de la méthode*. Il faut se faire un bon petit cinoche sur ses vingt ans, à l'âge où les étudiants en droit apprennent des chansons de corps de garde et des pages de jurisprudence par cœur, et militent à droite. Descartes, lui, jette aux orties la robe et le prétoire. Il va à la salle d'escrime six heures par jour, et lorsqu'il se sent suffisamment jobard, il rédige un *Traité sur la manière de faire les armes*, hélas aujourd'hui paumé. C'est sa première partie qui m'intéresse : *Comment esquiver l'adversaire, en tirer des avantages en mesure longue et l'amener en mesure courte*. Je te l'ai déjà dit, mais ça a son importance : Descartes était plutôt minus de taille et à la rapière, il lui manquait toujours vingt bons centimètres pour ébouzer l'ennemi. D'où sa technique, très fute-fute, de fausse défense : attendre l'attaque adverse pour frapper plus vite et avant lui. Dans son opuscule, il parle de *mode défensif*, mais aujourd'hui, on parlerait plutôt de technique de contre, ou de contre-attaque. On s'efface devant l'offensive de l'adversaire plus grand. On le laisse entrer dans sa propre garde et, bing! on riposte, avant que le coup de l'ennemi ne porte, quand il a perdu son avantage à l'allonge… C'est le genre de truc à faire quand un grand échalas te dévisse une droite en direct dans une baston. Tu lâches une pêche du gauche sans chercher à atteindre l'autre. Tu tapes fort et sec sur son poignet, de haut en bas, et tu te contentes de faire riper ton poing tout le long de l'avant-bras droit de l'adversaire en pivotant du buste. Ce con va empaler sa gueule tout seul contre ton poing. Y a rien à faire qu'à laisser venir. Ça paraît un peu bidon, mais ça marche. Ça marche pareil sur un middle kick latéral. Une jambe, c'est toujours plus long qu'un bras. Mais quand tu vois fuser le coup de tatane recta vers tes côtes, tu te jettes dans l'ouverture. Tu reçois le pied avec le gras du bras et tu bloques au coude. Et de l'autre main, bien ouverte, tu envoies une grosse baffe dans les claouis, tu peux pas les louper. C'est la même stratégie qu'utilisera Descartes à l'épée sur le plan tactique. Et tu vas voir, cette même stratégie qu'il met au point à dix-neuf ans, il va la transposer au plan stratégique à vingt-cinq et métaphysique à quarante.

Mais reprenons. Technique de contre sur le plan tactique. Descartes s'embarque un beau jour de 1621 avec son valet et tout son barda sur une barcasse. Ils cabotent le long de la plage, emportés par le jusant dans la brume, après Emden et Delfzijl. Or les quatre mariniers sentent l'affaire juteuse. « Il suffit de faire la peau à ce demi-sel, se disent-ils, pour lui baluchonner tout son or. » Et les Bataves ricanent par avance de leur bon coup, car eux, ils sont nourris à la bonne fricadelle, ont des paillasses de lutteurs de foire. Et en plus ils sont habillés d'avirons, de longues gaffes et de lourdes gaules à godiller. C'est dire qu'ils ont l'allonge favorable, d'au moins deux mètres. Les voilà qui s'avancent… Descartes fait le michet… Demande grâce… « Pitié mes beaux doux sires »… Il arracherait des larmes à n'importe qui d'autre… Mais les Bataves s'en contrefoutent, de la pitié… Ils guignent la bourse, grasse de ducats, et s'avancent encore… Les gaules s'élancent, les avirons moulinent !... Ça vrombit comme mille moulins dans l'atmosphère !... Descartes laisse venir l'assaut, et hop ! d'un seul coup d'un seul, pivote des hanches et dégaine la rapière en même temps, et tzing ! tzang ! tzong ! Il te sèche trois gueux recta. Le quatrième souille son froc, pleure sa mère et saute à la lancequine.

Épatante au corps à corps, sa technique de contre, n'est-ce pas que c'est vrai ?... Mais épatante itou au plan stratégique, tu vas voir... Avise un peu l'histoire que je vais te narrer maintenant...

Les campagnes militaires l'ont conduit au siège de Prague. Les armées impériales qu'a rejointes Descartes assiègent Prague, à une demi-lieue des remparts. Sur le flanc droit, le duc de Bavière. Sur le flanc gauche, les Bavarois de Tiefenbach et les troupes françaises et wallonnes conduites par le comte de Bucquoy. Descartes est là, à gauche, en deuxième ligne, dans les troupes d'appui prévues pour le second assaut.

L'ennemi, c'est le Palatin, qui campe sur les hauteurs praguoises. L'affreux se lisse les moustaches et rigole, sardonique, en lousdoc. Sa ville est défendue par ses troupes appuyées par les farouches Hongrois de Bethlen Gábor, des Huns à moustache guère commodes. Il y a aussi les spadassins allemands et moraves conduits par le prince d'Anhalt, lieutenant général des armées calvinistes. Le Palatin possède l'avantage moral et physique : il défend sa capitale, Prague, devant les troupes épuisées de l'alliance impériale. Il bénéficie aussi d'un atout géographique considérable car il occupe une position d'aplomb sur la

Montagne Blanche. Enfin et surtout, une batterie de canons déployée devant les murs de la ville fait toute la différence sur le plan strict de la puissance de feu. Il reste sûr de l'issue de la baston, le Palatin : une tuerie pour l'Empire et son allié la France.

Alors, certain de sa force, le Hongrois fait mander ses clairons dans le beau soleil du matin.

« Estafiers, trompettes, hacquebutes, hérauts porteurs de gonfanons, et vous petits tambours, qu'on donne du cor, nom de Dieu, et qu'on sonne la charge !... On va pas s'emmerder à les attendre !... On va leur débouliner dessus avec nos percherons que ça va être la géhenne libérée en direct !... On leur tailladera la basane avec nos glaives et nos épées, et tous nos coupe-coupe très affûtés !... Et pendant ce temps, nos canons te les hacheront en petits bouts de mou pour les chats !... Allez, fiers fils de la Hongrie, honneur du palatinat, nettoyez-moi la plaine de toute cette vérole-là et balancez-moi leur charogne dans la Moldave ! »

Et il envoie ses terribles Bohémiens charger sabre au clair... Rann !... la terre tremble, les mottes jaillissent !... À la vue de la horde, ça fouire dans les frocs français, wallons et germaniques ! Ça débande ! Le Bohémien ne sent plus sa force !... Le Palatin avait bien raison : il enfonce le duc de Bavière à droite tandis qu'il donne du canon sur Bucquoy et Tiefenbach à gauche !... Les lames praguoises rentrent dans la bonne bidoche de catholique ! Comme dans du beurre !... Les âmes montent tellement vite et droit au ciel !... Des feux d'artifice d'âmes de catholiques ! Les plus pures, surtout, qui font des jolies zébrures immaculées dans le ciel. Oh la belle blanche !... La belle bleue!... Les âmes de moindre qualité zézaient et phosphorent plus près du sol, comme des méchants pétards farfadets mais ça vaut le spectacle quand même!... Le Palatin se gondole sous sa tente... Il ordonne qu'on charge les canons ras la gueule, et les couleuvrines, et les ribaudequins!... « Feu! » qu'il aboie en abattant son bâton de maréchal. Bram! Bram!... La canonnade sème la mort et l'effroi! Les boulets font des strikes à la volée dans les rangs français! Misère de Dieu comme ça charcle!... Shakos en capilotade et brandebourgs carmillonnés, casoars en berne et passementeries toutes foutraques! Les soldats impériaux roulent des calots effarés et se poulopent en beau désordre. Ils abandonnent derrière eux sabres et arquebuses, bourrins et armures, poudre, plomb, quartiers de bidoche, yeux, bras, mains, tout quoi!... Le Palatin applaudit et exulte!... Un velours, cette branlée qu'il met à ces gougnafiers! « Ce soir, on prendra nos femmes sur des peaux d'ours en buvant du tokay! » il tonitrue à ses officiers qui s'esclaffent en se tapant sur les cuisses...

Descartes voit tout ça en seconde ligne. Froidement. Comme un problème mathématique. Comme un problème d'escrime. Il est à trois cents mètres en arrière. Il a vu la charge. Il a vu les boulets de canons qui traversaient la plaine... Il transpose, Descartes... Il voit en surimpression un escrimeur de petite taille harcelé par une grande gigue. Il voit l'ennemi plus fort attaquer le premier, avec une allonge considérable contre laquelle on ne peut rien faire... C'est les canons!... Descartes est dans les troupes de cavalerie de réserve du flanc gauche, mais de flanc gauche, y en a plus, mis en charpie qu'il a été par les canons du Palatin. Il vient de se faire enfoncer l'oigne jusqu'à la garde, le flanc gauche. Et le comte de Bucquoy qui le commandait est contraint à la retraite dès le premier assaut...

Le voilà-t-y pas à bride abattue, d'ailleurs, le comte, la perruque tout de traviole, les dentelles tout ébouriffées, des plombs plein la couenne. Il rallie les troupes fraîches de seconde ligne où le chevalier du Perron (c'est le blaze à Descartes pendant la riflette) attend son heure : « Messieurs, du cœur ! qu'il gueule en faisant volter son canasson, du cœur. Pour le Christ, la Sainte Vierge ! Et vive le Roy ! » Et il pousse un rugissement et s'en retourne dans la mêlée prendre sa part de gloire. Notre philosophe donne des éperons. Sa haridelle se cabre. Va-t-il foncer sus aux boulets de canons ? Que non pas... Il applique la technique du contre. Il traverse le champ de bataille et court de l'autre côté, au-devant du flanc droit en une longue charge diagonale qui perce la ligne de front... Une épaisse mousse blanche souille les flancs de son bucéphale aux naseaux de forge !... Hardi bourriquet ! Sang Dieu ! Hardi !... Les balles sifflent telle une nuée de frelons mauvais !... La mitraille lui hache la plume ! Lui roussit la moustache ! Lui frôle les parties !... Fumiers d'arquebusiers ! Fumiers mais trop lents. Deux diables surgissent d'un fourré, avec des yatagans tout ce qu'il y a de maousses !... Tzing ! Tzang ! Deux coups d'épée cartésienne te fendent ces horribles terrines hongroises à toques de fourrure de martre !... Ils boulent dans le fossé, les affreux ! démantibulés ! ensanglantés !... Et rien n'arrête mon Descartes, qui a traversé tout le champ de bataille !... Premier au concours steeple-chase,

René !… Il vient de rallier la droite, l'énergumène, où se démène l'allié des Français, le duc de Bavière. Va-t-il fendre encore du mercenaire au Palatin, Descartes ? Point, que nenni ! Surtout il ne s'attarde pas, contourne les Bohémiens, et le voilà qui revient vers la gauche !… Il vient de contourner la longue et puissante attaque praguoise… Il s'est glissé le long d'elle, l'a contournée de rapidité et maintenant, longe les murs de Prague à bride abattue… Et tombe, telle la foudre à Jupiter, sur l'artillerie bohémienne, lui foutre la misère !… Car celle-ci n'a plus d'appui d'infanterie ! Elle est descendue dans la plaine, l'infanterie, et l'artillerie se retrouve toute conne, nue pour ainsi dire, la bite à l'air. Alors Descartes et la compagnie à laquelle il appartient se jettent sur les artilleurs, empalent, taillent, estoquent, débitent et morcellent !… Oncques, nul n'a vu plus grand tartare d'artilleurs !… Devenus saucisses, les Hongrois ! Abats finis triperie !… Fromage de tête !… Bien fait pour ces cons de parpaillots.

Lors, c'est la débandade. Cent trente-cinq enseignes prises. La Moldave tournée rouge pivoine, macabre rouquin… Les cadavres par milliers. Les corbaques à la fête. Gras et pansus comme des moines… Vive Dieu ! Vive la guerre ! ils croassent en rotant d'aise… Demain Prague se rend et l'état-major impérial offre double jour de pillage à ses troupes mercenaires.

Vois-tu mieux maintenant, ami lecteur, le point commun entre le manuel d'escrime, le triple dézingage dans les eaux de la West-Friesland et la manière avec laquelle Descartes et son escadron volant emportent les pièces d'artillerie au siège de Prague ?... Toujours laisser venir l'adversaire sûr de lui, l'amener au contact. Plus il est fort, plus il est lent. Le laisser lever la main. Et au moment où il l'abat, feinte de corps et pas de côté, puis contre-attaque, plus rapide que lui puisqu'on est plus petit. Attaquer et foudroyer avant que la main ne tombe.

Eh ben c'est la même chose sur le dernier terrain de bataille : la métaphysique. Descartes se choisit un adversaire immense, monstrueux, un puissant golgoth, que personne avant lui n'a osé se fader : le monde. Il va en venir à bout avec la même technique de combat.

D'abord se laisser envahir par lui, le laisser déborder de toute part, comme les quatre maraveurs bataves, comme les hordes de Bohémiens au service du palatin. Descartes pense comme tout un chacun : « Mais oui, c'est évident, le monde est là, pesant et tout-puissant. » Alors il s'incline devant son incontestable présence...

Et puis, au dernier moment, il le contourne, évite l'attaque frontale, s'esquive. Là, Descartes se met à douter de ce monde si évident.

« Car pour qu'il m'atteigne, ce monde, encore faut-il qu'il existe...

– Comment ? s'exclame-t-on, comment peut-on douter de l'existence du monde ?! »

On s'indigne, on s'esclaffe.

Mais Descartes se lisse la moustache et laisse dire, avec un fin sourire de gentleman cambrioleur.

« Tout ce que je sais du monde, ce sont mes sens qui me le disent. Je le vois, ce monde, je le touche et je le sens.

– Justement, lui répond-on. Les sens sont des témoins fiables ! Ils me renseignent sur les choses du monde telles qu'elles vont. »

Descartes se ressert un coup de tokay et se reprend une Hongroise sur la peau d'ours. Il ménage son effet. Les autres officiers de cavalerie qui viennent se reposer des pillages et des viols en faisant un peu de philosophie sont rassemblés avec lui devant ce grand feu, dans un manoir hongrois. Là, tout respire la sérénité... Les heures terribles de la bataille se dissipent... Le cadavre du maître de maison, attaché au lustre, oscille doucement au gré des courants d'air... Son mouvement repose. Descartes reprend :

« Mais je puis parfaitement douter de l'existence du témoignage de mes sens. Telle tour que je vois ronde peut m'apparaître en vérité carrée quand je m'en approche. Le bâton droit que je plonge dans l'eau paraît brisé, mais sitôt que je l'en ressors, il paraît droit à nouveau. »

Les cavaliers français opinent. La Hongroise aussi. Elle adore ça. Descartes continue.

« Comment puis-je en savoir assez sur le monde, alors que tout repose sur les témoignages d'agents, mes sens, qui ne sont pas fiables ?

– Mais au moins, ce monde existe, suggère un spadassin. Même si ce que je touche, vois ou goûte, même si tous ces témoignages sont infidèles aux choses telles qu'elles sont, au moins, ces choses, elles existent, d'une manière ou d'une autre. »

Descartes l'interrompt.

« Et mes rêves ? Je vois, touche et goûte dans les rêves

des choses dont je suis sûr qu'elles existent… Et pourtant, elles n'existent pas… »

Il regarde ses camarades de garnison à travers son verre. Il joue avec sa coupe de cristal pour les faire disparaître dans l'ambre pâle du tokay. Un combattant sort de l'ombre et bredouille, livide :

« Vous voulez dire, chevalier, qu'il est possible que ce que nous croyons être la réalité, rien ne prouve que ce ne soit pas un rêve ? »

Descartes ne répond pas. Il caresse rêveusement la peau satinée de la maîtresse des lieux avec des gestes de somnambule, dessine des arabesques compliquées à la surface de sa chair frissonnante. Dans l'âtre, le feu ronflant de sapin exhale un sifflement qui se finit dans un colérique bouillonnement de sève. Descartes murmure :

« Rien ne prouve que Prague existe. Rien ne prouve que nous ne nous soyons pas battus pour un songe, celui d'un rêveur titanesque… Peut-être nos camarades ne sont-ils pas tombés… peut-être se sont-ils réveillés… Mais nous autres que le fer et le feu ont épargnés, continuons ce grand rêve baroque, tumultueux et magnifique qui s'appelle la vie… »

Enfin, après l'esquive, le coup de grâce, foudroyant et immédiat. Il se lève soudain. Ses talons de bottes claquent sur le parquet. Sa voix retentit, métallique dans la salle haute du manoir abandonné.

« J'aurais beau douter du monde, dissoudre son existence, il y a néanmoins une chose de laquelle je ne puis absolument pas douter…

– Quoi, grands dieux, parlez, chevalier !

– Pour que je puisse douter du monde, il faut bien que, moi, j'existe… Moi, qui en doute, qui le nie, qui le pense en rêve… Plus je doute du monde, plus j'affirme que j'existe. *Cogito ergo sum.* »

Boum. K.-O. foudroyant du monde par un petit mecton de même pas cinq pieds de long. Avec une méthode de tueur à l'arme blanche ayant l'allonge trop courte. Laisser venir la puissance – le monde existe –, la contourner – j'en puis douter –, la contre-attaquer – j'existe absolument et terrasse l'univers.

On maugréera :

« Oui mais bon, ça va cinq minutes, ton machin, là… Mais qu'importe le *je* qui existe absolument ? À quoi bon le *cogito* ? Ça casse quand même pas trois pattes à un canard !… »

Et pourtant, lecteur de peu de foi… C'est à partir de Descartes que s'énonce la suprématie du sujet, séparé du monde, de la tradition, du clan, de la tribu, des influences astrales et des configurations astrologiques. Toute l'activité intellectuelle avant lui était entre les mains des aristotéliciens qui pensaient l'homme comme une lasagne de vertus occultes, fantasmagories délirantes s'entassant en couches épaisses. Avec Descartes se constitue pour la première fois un individu source et origine de sa propre pensée. Par lui, les droits individuels vont commencer à émerger – même si déjà les traces se pressentaient chez Ockham.

Un vieux prof de moi, pourtant mystique catholique, ne cessait de clamer avec admiration que Descartes était entré dans le presbytère avec un bulldozer. C'est juste, mais c'est pas assez. Husserl, dans une conférence balaise donnée en Sorbonne dans l'entre-deux-guerres le répétait toujours : pour entrer en philosophie, il faut être prêt à refaire le geste fondateur et absolument couillu de Descartes. Tout nier, absolument, tout araser, tout démolir, jusqu'à retrouver l'éclat de l'étincelle qui a mis le feu aux poudres embrasant l'univers. Cette étincelle rendue à sa pureté, c'est la conscience de soi, mais elle ne peut pas être atteinte autrement qu'en ravageant tout le reste. Ensuite viendra la reconstruction du monde. Mais cette dernière ne peut pas s'envisager sans une place accordée à ce nouveau sujet cartésien, une place juridique, sensible, existentielle, phénoménale…

Je ne sais pas si je suis bien clair. Peut-être que j'emmerde le populo avec mon mercenaire Descartes… Mais ce truc, là, qu'on appelle dans l'argot des philosophes *l'écueil du solipsisme*, il compte beaucoup pour mézigue. Deleuze en parle quasi dans ses vidéos : c'est l'histoire d'un mec, raconte-t-il, qui est dans son fauteuil, peinard, à lire son journal, et d'un coup ça lui tombe sur le coin de la gueule sans crier gare. Et si tout ce qu'on lui avait dit sur le monde, tout ce qu'il a pris au sérieux, tout ça c'était du flan ? Sauf que chez Deleuze, qui lit les Russes, ça finit en suicide dans la Baltique ou à courir à poil dans la neige, incompris de tous et cherchant Dieu dans la lande. Chez Descartes, ça va encore plus loin. Et si le monde n'existait pas ? Et si j'étais halluciné ? Et si je me croyais, là, peinard, dans ma carrée, à tirer sur ma bouffarde devant l'âtre, alors qu'en vérité, je suis maboul, ligoté dans ma camisole de force au fond d'un asile ? Et si, en fait, rien n'existe tandis qu'un malin génie, genre Matrix, essaye de me faire croire que tout existe ? Les frères Wachowski ont rien inventé, c'est Baudrillard qui leur a filé le tuyau en leur expliquant Descartes. Cette expérience épatamment étourdissante qu'a vécue Descartes lui a permis de mettre entre parenthèses le monde. Ça lui fit connaître un état d'apesanteur très horrifique où tu te prends à douter de tout, où tu ne peux même pas dire qu'il n'y a plus que toi dans le monde, parce que le monde vient de disparaître. Eh ben ce sentiment effroyable d'une solitude sans nom dans un néant dont on t'a fait croire depuis tout petit qu'il existait vraiment, cette espèce de gouffre abyssal dont Husserl dit qu'il est à l'origine de toute philosophie, il m'avait été si bien enseigné, du temps que j'étais jeune, par mon prof de philo, monsieur Legrand, au lycée Chrétien-de-Troyes, que ça m'en a foutu les foies... Et j'ai trouvé cette frayeur absolument délicieuse, parce qu'elle m'obligeait à rentrer dans le régime de la liberté absolue de penser. J'ai mis le bout de la pointe du doigt de pied dans cette grande piscine noire et sans fond qui s'appelle la philosophie. Et j'ai trouvé ça si fort, et j'ai trouvé cette hardiesse si incroyable, de faire de la philosophie, c'est-à-dire de nager dans une piscine sans fond ni bord, que j'ai plongé dans le grand bassin. Depuis, j'aligne des brasses en apnée sous une eau noire sans être certain de remonter en direction de la surface.

Voilà. Tout ça, c'est grâce à cette chaîne de types admirables : le prof d'escrime de Descartes qui l'a briefé comme un champion olympique pendant six mois, le maréchal de camp général comte de Bucquoy à la bataille de la Montagne Blanche, le chevalier du Perron, c'est-à-dire Descartes lui-même, Husserl avec sa tronche de papi gâteau malicieux à la Sorbonne en 1929, et monsieur Legrand à Troyes, que toutes les filles de la classe elles fondaient des miquettes pour lui tellement il était classieux…

Qu'est-ce qu'il est devenu, monsieur Legrand, maintenant ? Il doit être bien âgé… On racontait qu'il avait une petite fille, à l'époque, ce qui les rendait folles de rage, toutes les minettes du lycée. Peut-être il est grand-père maintenant. Il prenait un hôtel en ville, le temps de ses cours, avec un pote à lui, un prof d'éco qu'on disait trotskiste du temps où les trotskistes n'étaient pas des petits facteurs aux joues rouges voulant un siège au parlement. Ils étaient inséparables, ces deux-là. On leur supputait des nuits entières à refaire le monde en buvant du ouiski et en fumant des Gitanes avec des filles assises par terre, à leurs pieds, dans l'épaisse moquette beige. De longues créatures blondes filiformes qui avaient une conscience de classe très aiguë et des seins très pointés vers le plafond… Après le bac, je lui avais écrit une lettre, à monsieur Legrand, pour lui dire que je rentrais en philo. Il m'avait répondu qu'il pouvait m'aider si je voulais aller à Tolbiac. Mais moi, je venais de ma Champagne pouilleuse, les terres de ma mère, et je voulais aller pas plus loin que la Bourgogne où j'étais né, et où les aïeux de mon père étaient enterrés. C'étaient mes racines. Elles étaient pas grand-chose, guère enterrées profond, mais déjà j'y tenais et le dehors me faisait peur. Alors Paris… J'étais bien monté à la Sorbonne voir comment c'était, et chaque année, avant la rentrée, on faisait une cargaison de bouquins chez Gibert Jeune. Le midi, on allait tortorer dans un grec derrière Notre-Dame. Des brochettes avec la sauce au yaourt. À l'époque c'était du grand luxe et de l'exotisme. Le gros poussah portait la moustache à Charlie Chaplin sous le pif à Yasser Arafat. Il nous attendait à l'entrée avec des salamalecs de prince du désert, et on avait l'impression d'être attendus depuis un an par un lointain cousin qui nous savait fils de roi. On buvait un peu de son vin blanc résiné, dégueulasse et tiède, sucré comme du miel et râpeux comme un cercueil en sapin. Mais c'était la fête !... Après on remontait vers Saint-Michel en passant devant le théâtre de la Huchette où ils arrêtaient pas de jouer *La Cantatrice chauve.* Je matais les photos, des noir et blanc qui s'entortillaient sur leur punaise dans leur cage en verre, comme des papillons avant l'invention des couleurs. Je les regardais chaque année pour m'assurer que c'était toujours les mêmes. Déjà je savais que le monde me coulait entre les mains. On s'en revenait le soir, avec la barre au front du résiné du Grec et les sacs de bouquins qui nous sciaient les mains. On godait sur les trottoirs avec nos bardas au bout des pinces, ça nous faisait marrer et on se gondolait plus encore à l'idée qu'on nous prenne pour des cloches envapées avec leurs litrons de jaja fourrés dans les sacs en plastique. C'était la grande aventure !... La grande ville nous rendait soûls, les bagnoles vrombissaient, ça sentait mauvais, les gens nous bousculaient et il fallait faire gaffe en traversant. Et dans le métro, on serrait bien fort notre morlingue pour éviter que des hordes de Romanichels, qui devaient certainement nous suivre depuis le parvis de Notre-Dame là où ils vivaient avec le fantôme d'Esmeralda, nous le tirent. C'était mon petit Paris de pacotille à moi, mon Paris de provincial une fois l'an.

Alors, quand monsieur Legrand m'a proposé de m'aider pour trouver de quoi m'y loger, à Paname... Déjà que j'étais tombé dans la piscine sans fond de la philosophie, que j'avais mis en suspens mon adhésion au monde, que j'avais basculé dans le solipsisme cartésien, en plus j'allais pas monter à la capitale pour y vivre...

Peut-être j'aurais dû... Peut-être que je l'ai déçu... C'est bizarre, c'est mon plus grand regret... Le sentiment de trahir son maître au moment précis où il reconnaît dans l'élève quelqu'un pour assurer la transmission... Si y a pas la transmission, comment qu'on va la niquer, la Camarde? hein?... Mais moi, petit plouc, j'ai mis la tête sous le sable. J'ai fait celui qui comprenait pas... Paris, c'était si loin...

Tout ça, c'est si loin maintenant...

Mais bon, qu'est-ce que vous voulez, tout le monde a pas le courage à Descartes...

Travaux pratiques

Exercice n° 1

Roule un palot à qui tu veux. Mais roule-le bien, avec la langue archéologique, exhumant sous les couches et les plâtres des vestiges d'arrière-dent, des rogatons de dessous la glotte. Et pendant le baiser, garde les yeux ouverts. Attarde-toi sur les pores de la peau vus en gros plan, les ridules et les boutons, les squames de peaux mortes et les petits bourrelets adipeux qui ne se voyaient pas tout à l'heure dans la lumière tamisée du restaurant. Pose-toi la question de la fiabilité des sens. Et pas seulement de la vue. Demande-toi aussi ce que tu vas sentir sous ta main, tout à l'heure, dans le noir. Pose-toi franchement la question de savoir si les sens sont un critère suffisant pour te conduire à une connaissance certaine. Qu'est-ce que tu embrasses *vraiment*?

Exercice n° 2

Pendant un mois, consigne au réveil tous tes rêves. L'objet de ces retranscriptions n'est pas l'interprétation. Il s'agit seulement de porter une attention soutenue au monde onirique. En retour, de jour en jour, les rêves se feront plus intenses et plus nombreux. Note l'apparition de la couleur et de la musique. Au petit matin, quand tu en es à chantonner un air entendu pendant le rêve, tu es sur la bonne voie… Ensuite nouvelle étape : tu vas t'endormir en programmant tes rêves. Commence par les plus faciles, les rêves de vol… Tu viens d'atteindre l'état de rêve lucide, lors duquel on est conscient pendant ses rêves, et ceux-ci semblent aussi vrais que la réalité. Ensuite tu te réveilles. Ou plus exactement, tu passes d'un monde à l'autre. Ou d'un rêve à l'autre… C'est bon… À partir de là, tu es cuit… Demande-toi si, finalement, ce que les autres appellent la réalité, ce n'est pas ton rêve, ou le rêve d'un génie très puissant et très trompeur. À ce stade de l'expérience, envisage l'hospitalisation d'office par arrêté préfectoral ou la conversion à la philosophie et au solipsisme. Préfère quand même la seconde. C'est moins coûteux en produits pharmaceutiques. Mais plus cher en rayonnages de bibliothèque.

Exercice n° 3

À Noël, récupère dans les papillotes de pâtes de fruits les petits crobards épatants où l'on voit tantôt la trombine d'une jolie princesse, tantôt l'affreuse bouille à la sorcière, selon ce qu'on veut bien regarder. Punaise-les devant ton plumard pour les contempler soir et matin. Constate qu'il est absolument impossible de voir l'un et l'autre simultanément. Allonge un râteau dents en l'air dans le jardin. Passe devant jour et nuit, jusqu'à ne plus voir le râteau, mais le piège. Maintenant, les affaires sérieuses commencent... Perds-toi, de nuit, dans la forêt où un couple de jeunes étudiants américains en ethnologie a disparu l'an dernier. N'emporte aucune lumière, sinon l'éclairage de la petite caméra vidéo portative que tu amènes avec toi. À minuit pile, visionne les images. Écoute alors les branches d'arbre crisser contre les parois de la tente. Interprète ce que cherche à dire l'Esprit de la Forêt. Fuis le plus vite possible. Comprends alors que la perception est d'abord un fait mental avant d'être expérience sensorielle.

Leçon n° 12

Spinoza, en cavale contre la kabbale

Cours théorique

Équipé de ses cuissards, spalières, casque et hausse-col, Descartes traverse à bride abattue la Hongrie. Il ravage de-ci de-là… Presbourg, Tarnów, Saint-Georges… Il massacre à grands moulinets de rapière les hussites, t'éventre les Bohémiens, te ratatine les calvinistes. Ça occupe et ça change les idées. Parce que de faire toujours de la métaphysique, à force, ça irrite les boyaux de la tête. Ça fout des langueurs à l'âme et des aigreurs à l'estomac. Comme dit Descartes pendant qu'il charcle du parpaillot à tire-larigot : *Après le solipsisme, rien de tel que de l'exercice.* Pendant ce temps-là, un peu plus haut, en Hollande, un jeune type du même âge vient de se faire arquepincer par les vieux rabbins de la communauté et file dare-dare, à coups de pompe dans le derche, vers la synagogue. Là, on l'exhorte d'arrêter ses conneries. Mais qu'a-t-il donc fait, ce fils de bonne famille ? Il aurait brûlé des voitures à bras sur le parking de la cité ? Vendu du tabac coupé à la tulipe ? Attaqué un bureau de poste à l'arquebuse ? Débourbé la fille du grand rabbin un jour de Shabbat ? Non non, rien de tout ça… Ah ! si seulement le jeune Baruch n'était qu'un droit commun, coupable d'argougneries ou d'alliances pégriotes, ça serait du nanan pour la flicaille de la pensée. Mais le problème avec Baruch, c'est pas qu'il dégaine l'épée pour un rien. C'est qu'il pense sans retenue. Et ça, c'est affreusement horripilant pour les docteurs de la loi.

On lui reproche on sait plus quoi au juste… *Action monstrueuse, effrayante hérésie* disent les procès-verbaux de la gendarmerie de la foi… Soi-disant, il aurait écrit une *Apologie pour justifier sa sortie de la synagogue* et il n'aurait guère suivi la religion à la lettre. Sans doute parce qu'il a assisté au cours d'un drôle de mec, jésuite défroqué, libre penseur, qui finira exécuté en France un peu plus tard. Et peut-être parce qu'il aura suivi l'actualité mathématique de Descartes. Sans qu'ils se soient rencontrés ces deux-là, ils auront quand même été les Bonnie and Clyde de la philosophie classique. Mais bon, revenons à Baruch qui ne veut rien entendre. Les rabbins haussent le ton : c'est qu'il y a du trèfle dans la synagogue et il ne faudrait pas perdre la face en public. Mais Spinoza est têtu comme un pitbull crampé aux couilles d'un facteur : tant qu'on lui coupe pas la tête, il lâche pas. Aux arguments des barbus, il répond par des arguments plus formidables encore. À la fin, les tartuffes lui proposent du pognon pour qu'il la ferme, sa grande gueule. Il répond que dix fois plus encore de florins suffiraient pas à le détourner de la vérité. Excédés, les grigous le condamnent à être mort… de son vivant. Écoute la vache d'excommunication : interdiction qu'il vende ou qu'il achète ! Interdiction qu'il apprenne ou qu'il enseigne ! Interdiction qu'on lui parle ou qu'il réponde ! Interdiction qu'on l'approche jusqu'à pouvoir croiser son regard ou toucher sa main… À vingt piges, c'est dur d'être traité comme un cadavre ambulant par ses proches. Baruch devient le premier mort-vivant hors des limites juridictionnelles d'Haïti.

Il doit mettre les bouts, se trouve une planque on ne sait où, vivoche de trois fois rien, des colis fournis en loucedé par ses potes, dans des petits meublés en banlieue. Il en gardera l'habitude toute sa vie, de cette pauvreté volontaire, cet exact contraire de la misère, cette voie royale vers la richesse. Il polira des lunettes de télescope dans ses petites piaules minables, écrira dans le plus grand secret, fuira la notoriété, refusera un poste en fac, tapera un peu la discute avec sa logeuse et son daron, le soir à la fraîche, à boire une binouze sur un banc. On ne lui connaît rien d'autre. Ah si ! par soir de grande solitude, avec rien à la télé et pas un caboulot d'ouvert, Baruch organise des combats de bestiasses dans sa carrée. Oh, pas des rottweilers furieux ou des combats de coqs. Non, du subtil, du raffiné, sans éclat ni dommage : de la roustasse d'arachnides, de l'avoinée d'araignées… Fil de soie en guise de ring pour les cordes, cliquetis à peine audible des fines pattouzes qui enchaînent le fatal ballet des octuples crochets et directs, résille stellaire tissée sur fil d'Écosse, danse précieuse et millimétrique des combattantes réduites à un point, à quelques segments et des lignes de fuite sur un repère orthonormé en étoile. Épatante fascination de tous ces gambergeurs magnifiques qui ont le goût de la baston sans celui du sang. Ici, l'assaut se réduit à la combinatoire mathématique de formes géométriques pures et parfaites. Pas de jubilation intellectuelle qui fasse l'impasse sur le spectacle de la férocité – et merde à toutes les philosophies de la consolation. En tout cas, les bastons d'araignées, voilà la seule source connue des émois de Baruch...

Bien sûr, un jour, un quelconque taliban tente de le zigouiller, mais la lame ripe sur les côtes et se contente de lui griffer la basane. Toute la vie il gardera la fringue avec la lardasse bien en vue à hauteur du cœur, histoire de rappeler le vrai visage de la dévotion. Et un autre jour, on massacre ses alliés et protecteurs, des grands libéraux, les frères de Witt. Alors une puissante colère le fait rédiger une affiche où il traite les assassins de « barbares ultimes ». De nuit, il les colle sur les murs d'Amsterdam. Suivi à une rue d'écart par son logeur, affolé, qui les décolle...

Un pote de moi, qui vouait un culte sans limites à Spinoza, au chablis et à la pêche à la truite s'en était revenu de Hollande me montrer des photocopies d'actes notariés de Spinoza. Voilà ce que disait l'acte :

Convoquant ses sœurs, il accepte de leur céder toutes les parts de la maousse entreprise familiale d'import-export de batavias, tulipes et autres garnitures. Les harpies battent des mains mais aussitôt après se renfrognent et se méfient... Et en échange? Tant de générosité doit bien cacher une affreuse polissonnerie. Elles redoutent l'entourloupe, les grues. Leurs yeux se plissent et deviennent comme des fentes tirées au couteau. Les hyènes sont prêtes à mordre, à lâcher encore les rabbins et leurs flics sur le canard boiteux de la famille. Mais non, en échange, Baruch demande simplement à garder les cent quatre-vingt-douze bouquins de la bibliothèque familiale... et le lit de son père.

« Un lit et des livres suffisent pour être libre », hausse des épaules Baruch en tirant sur sa pipe en terre.

Le notaire et les vieilles garces n'en reviennent pas... Ainsi c'est donc vrai ? Elles vont pouvoir tout garder ! Les hangars sur le port, les bateaux, les terres agricoles, les prés, les appartements en viager, les parts dans les autres entreprises... Elles pensent si fort dans le cabinet du notaire que leurs traits s'en déforment. On lit ce qui traverse leur cervelle sèche et malveillante, dans leurs lèvres blanches qui se resserrent, dans les pommettes qui remontent, dans le sourire enfin qui découvre leurs canines pointues :

« Décidément, il est trop con. »

Et elles se frottent les mains, les vieilles peaux. Elles sont riches propriétaires et elles croient avoir réussi l'affaire du siècle... Mais dorénavant, leur vie sera encombrée par la peur d'être volées, spoliées, abusées. Leur esprit se racornira à force de ne penser qu'au cours de la salade et du poireau. Et elles mourront sans avoir eu le temps de connaître autre chose que la peur et la convoitise. Elles crèveront en laissant derrière elles tout le blé amassé et deux pauvres vies, les leurs, des vies de bêtes de somme abruties par l'ouvrage, tout le temps effrayées d'être mordues mais rêvant de morsures. Mais pour l'instant, ce sont deux bêtes de somme très riches et elles rient comme des ânes.

Baruch, lui, lâche des sourires derrière sa pipe. C'est lui qui a fait une bonne affaire.

Il peut enfin se consacrer à l'essentiel.

À la joie.

Il rédige *L'Éthique* qui n'est pas un livre mais un objet conceptuel transparent avec une structure diamantaire parfaitement symétrique. Ce texte n'a pas plus de début que de fin, et peut être lu en commençant de n'importe où. Il donne les clefs d'une *félicité durable* qui nous rend jovials comme peut l'être Dieu lui-même, si tant est qu'existe quelque chose qui s'appelle ainsi. C'est cohérent comme les univers de J. G. Ballard sans le côté SM postpunk, limpide comme une vodka à l'herbe de bison sortie du congel, et toutes les pièces sont utiles et à leur place comme dans une kalachnikov.

Qu'est-ce qu'il dit, là-dedans, Spinoza ? Une foultitude de trucs. Le corps et l'esprit, c'est la même chose... Je n'existe pas séparé du monde mais immergé en lui, il me traverse et m'irrigue... Le désir me conduit à devenir toujours plus et mieux ce que je suis... Tout l'art, c'est repérer, dans les désirs qui me traversent, ceux qui me font grandir et me donnent de la joie, et ceux qui me ratatinent et me font cafarder du cassis. D'où la nécessité d'en savoir plus sur le monde. Plus j'en sais, mieux je sais ce qui m'influence en me boostant, et plus je me laisse porter par mon désir quand il m'emmène vers ces rivages-là... Juger les choses bonnes parce qu'on les désire...

De la joie, du désir, une pipe et au dodo... Que demande le peuple ?

Il faut lire absolument ce bouquin, s'immerger dedans pendant un été. Et peu à peu, la lumière apparaît. Et la joie aussi. Mais il faut le lire lentement, précautionneusement, sans de grands gestes d'impatience, avec le soin et la lenteur d'un fumeur de cigare sur un baril de poudre. Qu'est-ce que vous croyez, vous ? Que c'est facile d'atteindre un état de joie qui fait corps avec soi, à chaque instant de sa vie ? Alors ouais, Spinoza c'est dur à lire pendant un été, mais il y a la récompense de la joie pour toute la vie.

Et c'est toujours moins triste que passer sa vie à gagner plein de thunes dans une entreprise d'import-export.

Travaux pratiques

Exercice nº 1

Considérant, avec Spinoza, que la joie est l'extension de notre puissance tandis que la tristesse consiste en l'amenuisement de cette dernière, être à soi-même son sujet d'expérience pour savoir ce qui contribue à faire grandir en joie ou en tristesse.

Pour ce faire, tu t'exposeras à diverses influences et tu en observeras l'incidence sur ta propre existence. Tu te livreras donc aux expériences suivantes :

Repère sur une carte le point dont les coordonnées figurent très exactement à un kilomètre au nord de l'endroit où tu te trouves. Tu t'y rends, et tu y passes la journée. Arpente les lieux, manges-y, installe-toi dans des lieux publics, privés, fais-y des rencontres. Adopte une attitude curieuse et gourmande, quoique vigilante et attentive. Au soir, tu consignes ces influences, et tu cherches à distinguer les joyeuses des attristantes. À peu de temps de là, tu refais la même expérience, à dix kilomètres au sud. Puis à cent à l'ouest. À mille ensuite à l'est. À chaque fois, tiens un tableau très précis des amplificateurs physico-psychiques de ton être. Décris ce qu'on y mange, ce qu'on y boit, avec qui l'on parle et de quoi. Inventorie les odeurs, les paysages, les étoffes, les sourires et les surprises. Constate aussi que ta vision du monde en est durablement altérée, au même titre que ta santé.

L'expérience enseigne, conformément à ce qu'affirme Spinoza, que *l'homme n'est pas un empire dans un empire*. Le libre arbitre est une fantasmagorie théologique car on n'est rien d'autre que ce qui nous influence. Ne nous reste que la connaissance de ce qui nous détermine pour désirer ardemment ce qui nous met en joie.

Exercice n° 2

Exercice d'exploration de ses passions, et identification, parmi elles, des passions tristes et des passions joyeuses : va faire la fête. Dose savamment ton ivresse tout au long d'une soirée pour atteindre l'état détendu du sémillant déconneur à l'aise sur le *dancefloor* sans jamais sombrer dans celui du piccolo lourdingue avec les copines de sa nana. Bien. Maintenant complique l'exercice en mariant plusieurs alcools forts dans la soirée. Complexifie encore plus l'exercice en le répétant périodiquement dans la semaine sans sombrer dans l'alcoolisme mondain au bout d'une année ni prendre cinq kilos dans les joues et la sangle abdominale.

Leçon n° 13

Spinoza II, le retour. Il revient et nique sa race à Rousseau

Cours théorique

Je viens de me rendre compte, ami lecteur, à relire ma dernière leçon, que je n'ai guère causé de la philosophie spinozienne en tant que telle. D'un autre côté, Spinoza écrit tellement avec un diamant sur une surface de verre que sa philosophie est impossible à expliquer autrement qu'en la reproduisant au mot près. La résumer, lui retrancher ou lui ajouter quelque chose, c'est la saloper. Mais peut-être, de son *Traité théologico-politique* aurais-je dû t'entretenir, mon bon lecteur, car tu pourrais croire à l'heure qu'il est que Baruch Spinoza est une espèce d'ermite reclus dans la métaphysique comme un astibloche dans le camembert.

Or c'est faux. Notre antikabbaliste se passionne de politique. Et c'est pourquoi le grand libéral Jean de Witt – celui dont le bouzillage mettra en furie placardière

Spinoza – protégeait discrètement le Lunetier perspicace, lui rendait visite et prenait sans doute conseil auprès de lui. Son *Traité*, Spinoza le publie incognito, pour aborder sans souci l'enquiquinante question de savoir pourquoi les hommes se battent pour conserver leurs chaînes. Il pige bien vite que tout ça est dû à un populo civiquement et spirituellement anémié, sous-vitaminé, parce qu'il lui manque de l'exercice… philosophique ! En effet, la bonne santé d'une république ne tient pas au nombre de ses divisions, comme dirait Staline, ni au PIB de ses entreprises, comme dirait Hollande, mais à la vigueur et à la liberté de propos de ses philosophes.

Je sais pas si on mesure assez bien la portée de ce petit bouquin, publié cent ans avant le *Contrat social* de Rousseau… Nous autres, cocardiers, en avons la gueule pleine, des droits de l'homme et de la démocratie. Nous roulons des biscotos comme les fiers descendants de ce petit scribouillard paranoïaque qui faisait métier de photocopier à la main des partitions musicales. Mais Rousseau a dû mettre les adjas et se calter fissa hors de notre doulce France avec les archers du roy au cul. Et de surcroît celui que nous honorons comme le père de notre démocratie moderne était un vieil emmerdeur, geignard et décati rétrograde. Il n'aimait ni les arts ni les lettres, rêvait à des danses en sabots, fifre et tambourin, rigodon dans la gadoue. Selon ce pédagogue émérite, les gniards devaient s'esbaudir à loilpé dans les cours de ferme, se faire des batailles de boules de bouse dans la fosse à purin. Et toujours selon lui, les rugueuses pécores, méprisant le luxe et s'habillant de blouses craspouètes, devaient cracher sur les livres et brûler les comédiens. On peut tout piger de Rousseau rien qu'avec sa haine du théâtre. Le théâtre, c'est la représentation de la vie, la vie dédoublée ; et c'est ça qui lui fout des érythèmes, à Rousseau, que la vie se dédouble, qu'elle chatoie, joue dans les apparences et les faux-semblants. Cette sainte frousse, il la déplace dans la politique. L'État et la société doivent être une seule et même chose. Pas de dédoublement, pas de jeu, pas d'écart. Merde à la contestation ! À la dérision ! À la critique... Merde aux contre-pouvoirs ! Rousseau n'a pas inventé la démocratie, il a inventé un État lourd comme le cul d'un péquenot ignare et inculte coincé dans le strapontin d'un théâtre à l'italienne.

En face, Spinoza joue avec les lunettes, les diffractions et les réflexions. Ses lentilles de télescope éclairent toute sa politique. Chez lui, c'est angles brisés, rebonds et déviations lumineuses. Un bon pouvoir exhorte son peuple à user de sa lumière naturelle, de sa raison, pour renvoyer, briser, réverbérer les lois... Dans l'État spinozien, les philosophes pullulent plus que les lapins sur un terrain d'aviation. Toute la place publique retentit d'échanges d'arguments et d'idées, de débats contradictoires... Ça rabbinise en pure immanence...

Sans doute cette insistance à mettre Rousseau en avant, loin devant Spinoza, tient aussi au fait que Baruch était un feuj, Portos de surcroît, issu des rangs marranes détestés des catholiques. Et d'imaginer que le vrai père de la démocratie moderne était un juif pas très catholique, ça doit rester en travers de pas mal de gosiers nationaux. Rajoute à ça que le Lunetier formidable a eu une intuition assez formidable avant l'heure. Pour lui, le pouvoir politique est sain à condition qu'il se débarrasse de toute influence religieuse. Voilà qui doit bien emmerder tous nos béni-oui-oui de la laïcité ouverte, prêts à dérouler le tapis bleu-blanc-rouge devant le premier barbu qui gronde. Enfin, en mesurant la force d'une nation et sa capacité de résistance aux tyrannies au nombre de ses philosophes, il donne un conseil très simple pour libérer les peuples : pas la peine de leur envoyer des conseillers militaires ou d'installer au pouvoir des badernes médaillées arrosées par le pognon du pétrole. Il suffit de parachuter dans les faubourgs des villes et dans les rues des villages des pleines caisses de bouquins de philosophie.

Donnez à lire le vendredi autre chose que le Coran, le samedi autre chose que le Talmud, le dimanche autre chose que les Évangiles, multipliez les maisons d'édition, diffusez sous le manteau *L'Éthique* et le *Traité théologico-politique*. Non seulement vous verrez s'effondrer sur eux-mêmes popes et papes, galonnards et présidents, mais en plus vous tarirez le trafic d'armes et libérerez la chevelure des jeunes filles.

Travaux pratiques

Exercice n° 1

Inscris-toi dans un parti politique. Rallie une tendance minoritaire obscure. Marne et travaille en dedans jusqu'à ce qu'elle soit majoritaire. Sitôt fait, hop ! tu rallies la nouvelle minorité. Étudie alors avec soin ce qu'on dit de toi.

Si on te traite de girouette, de schizophrène ou de sale traître, réponds bien que tu es spinoziste et que tu n'as rien tenté d'autre que relancer la dynamique du débat démocratique au sein du parti.

Pour la suite des événements, cf. leçon nº 10, exercice nº 2, conséquence de l'option B.

Exercice nº 2
À propos de la thèse très spinoziste de l'influence tenace de la superstition dans l'esprit humain barbouillé de religiosité, je te propose une expérience absolument rigolote. D'abord, tu prends une poignée de cailloux. Ensuite, tu les jettes sur du papier millimétré. Relève les points de chute. Donne le graphique à un amateur de mystère de l'Atlantide, de Rennes-le-Château et de H. P. Blavatsky. Rigole sous cape. Reviens quinze jours plus tard. Tu verras… Il est à peu près certain que le gogo aura trouvé des fréquences mathématiques occultes et une intention secrète dans la disposition des points sur le papier millimétré… Eh ben c'est ce qui se passe depuis deux millénaires dans les textes entassés pêle-mêle, tout foutraques et sans queue ni tête, qu'on appelle les textes sacrés.

Leçon n° 14

Platon, professeur remplaçant pour tueur en série

Cours théorique

Allez, va, je te vois venir, perspicace lecteur, fixant d'un œil furibard le titre de cette leçon :

« Platon ! Platon ? Qu'a donc à foutre Platon dans la lignée des philosophes classiques ?

Nous nous étions habitués à renoncer à la toge et aux tongs. Nous portions de bonne grâce pourpoints à dentelle et rubans, chapeaux de feutre empanachés et perruques poudrées, et voilà qu'il faut endosser à nouveau tout l'attirail de la Comédie-Française quand elle joue *Andromaque* ! Guyard nous prend-il pour des buses ?

– Navré, te répondrais-je, mais dans la dernière leçon, j'abordais la question du politique et...

– Fi ! m'interromprais-tu vertement avec raison, et il faudrait, pour traiter de la chose, faire machine arrière et revenir à Platon ?

– Oui, beau doux lecteur, car il fut le premier à l'aborder, cette question, en lui consacrant un fort épais volume, *Politeia*, qu'on traduit par *République*. Et de plus, je ne fais pas une histoire de la philo, mais j'égrène mes petites leçons au gré de ma fantaisie.

– Mais cela suffit-il pour en faire un mauvais garçon ? La critique est vigoureuse contre Platon, aristocrate vantant les mérites de la hiérarchie, parfois même, dit-on, de la théocratie. Premier théoricien de l'au-delà... On dit que son œuvre est la matrice intellectuelle qui enfanta les monstres difformes du monothéisme et de la dictature. Où y a-t-il la place pour le panache du mauvais garçon là-dedans ?

– 'fant de pute, riposterais-je, voici une lecture nietzschéenne de Platon, développée par Popper il y a trente piges, et très au jus aujourd'hui. Mais il y a autre chose à voir chez Platon dont je vais bientôt t'entretenir. Et quant à savoir si ce blouson doré de la noblesse athénienne était assez mauvais garçon pour qu'on le consigne dans ces feuillets, je m'en vais te le démontrer à l'instant... »

Donc Platon, à l'époque dont je te cause, est la coqueluche de tout Athènes. Il n'est pas encore philosophe mais envisage sérieusement une carrière comme parolier chez Michou, et te pisse la copie question pièces de boulevard pour homosexuels qui feraient tourner Labiche en vieux cerf. On se bat pour ses mignonnes saynètes, avec des cupidons ailés et joufflus, des promesses d'amour, des serments sous la lune. Platon rôde sur la Croisette jusqu'à des point d'heures, à choper de la starlette évaporée gloussante pour lui donner un rôle dans ses derniers boulevards. Les producteurs s'arrachent ses papyrus. Lui, il fait la moue, il s'en branle. C'est une marotte. Une lyre d'Ingres. Si un jour le vent tourne, il pourra toujours reprendre l'entreprise familiale d'aristocrate. Le taf est guère éreintant : participer à des orgies chaque samedi, siéger au sénat, sodomiser des énarques. Mais la vie sans peine soudain se brise en mille morceaux. Voilà que déboule l'espèce de taureau avec ses châsses de crabe : Socrate. Lui a pas les manières de la jet-set ou de la haute. Il a la jactance à Gabin dans *Le cave se rebiffe* et la dégaine à Michel Simon dans *L'Atalante*. Platon s'embrase, se cramoisit, s'empourpre pour le vieux tripoteur. Il a jamais vu un fias pareil. Il le fréquente. Assiste à ses coups de sang, ses grands tapages. L'adore, l'admire, le vénère. En perd le boire et le manger. Mais a encore assez de force pour se taper un rassis en pensant à lui. Un beau jour, n'y tenant plus, il s'avance par-derrière le vieux, lui grimpe au col et il lui feule d'une voix rauque :

« Fais de moi ce que tu veux. »

Socrate le guigne par en dessous, comme pour y renifler l'aisselle. Et très furibard avec ça, tellement que la vapeur lui sort tout alentour de la coloquinte comme un brouillard avec des éclairs, il lui bonnit :

« Je cause pas aux mecs du show-biz… Tout ça, c'est tante et compagnie… »

Et il se casse boire un coup et manger des olives chez Agathon.

« Attends ! le poursuit Platon, attends… Tu dis ça pour me faire tourner bourrique, j'en suis sûr… »

Il s'accroche à sa manche. Le vieux bougonne. Platon insiste.

« Allez quoi, merde !... C'est pas qu'on soye tantes, qui te fout la bouzine à l'envers, tu l'es pire que nous !... Alors, c'est quoi ?... Dis-moi, quoi, je te promets que je serai gentil... »

Socrate s'arrête. Il bigle un peu mieux Platon. Grogne de lassitude.

« C'est tes sales manières d'en écrire au kilomètre, de la romance et des violettes !... Ton théâtre à l'antique, avec son défilé de déesses en nuisette, ça les complaît dans le douceâtre, les gens, ça les met sur la pente du rêve... Vague à l'âme et larme à l'œil... C'est vaporeux que tu vas nous le rendre, l'auditoire, tellement ça l'envape... Ça le mousseline, ça l'allège comme un soupir de fille qui se touche... Des sylphes, qu'ils deviennent, les gens, à écouter tes trucs !... des génies des airs !... de doux zéphyrs !... Un jour, tu verras, un coup de vent méchant et pfit ! finito ! plus personne dans la salle... Envolés, tous les michetons...

– Ben et alors ? faut leur donner du rêve aux gens.

– Leur donner du rêve ?!... De la merde, qu'il faut leur donner du rêve ! Et pourquoi pas de l'espoir, tant qu'on y est ! Et quand je repasse après, moi, pour leur faire l'article, faut que je me cloque tout le déballonnage !... À moi de siphonner les stratosphères pour les faire redescendre ! Le sens des réalités, moi, c'est mon turbin... Le retour dans le caca... C'est au baratin que je les poisse, les michés, que je les glue bien profond dans la tourbe... Mais encore faudrait-il pas que des arsouilles comme toi viennent saloper l'ouvrage, et leur faire croire aux nuées et aux elfes... »

Et ran ! il tire un vache coup sur sa manche pour se calter. Il a pas fait deux pas que Platon l'appelle d'un couinement. À peine Socrate a le temps de se retourner qu'il le voit, l'autre, en train d'arroser d'essence ses belles tragédies, ses boulevards, ses saynètes, tout en tas dans le caniveau... Vrouf!... Brasier illico!

« Prends-moi tout! »... vagit la grosse platonne devant les flammes... Elle se tortille les mains, dégoulinante de bave, de pleurs et d'amour... « Me laisse pas... regarde... Je renie la traînée que j'ai été... J'écrirai plus... parole! »

De voir Platon comme ça, bavouillant, gluant dans sa mélasse amoureuse, éclairé en contre-jour par les flammes qu'on lui voit les cuisses à travers la toge, Socrate, ça lui fout une crampe terrible. Il devient aimable.

« Allez, va, petit, suis-moi donc, j'ai toujours eu un faible pour les artistes. »

Bon la suite, tu la connais. Je vais pas la rejouer. Ensuite Socrate se fait crounir. Platon en tombe malade. Veut se foutre en l'air en écoutant une dernière fois Dalida. Puis se reprend en main – façon de parler, bien sûr. Pour qu'une odieuserie telle l'exécution du maître ne se reproduise plus, il décide de convertir les politiques à la philosophie.

Or figure-toi que pas loin de là, en Sicile, règne un tyran redoutable. Denys de Syracuse, il s'appelle. L'affreux jojo fout la misère à son peuple et dépense des fortunes à développer des machines de guerre toujours plus performantes. Ce tueur en série embauche les meilleurs technologues du monde antique pour lui fabriquer des machines de mort de masse. Sous son règne, et pour sa plus grande joie, on met au point le perceur-de-boucliers, le lanceur-de-pavasses-dans-lagueule-des-mecs-d'en-face, l'empaleur-de-troufions-en-enfilade, et tout un tas de délicieuses nouveautés qui égayent un champ de bataille trop terne en surprenant les plus blasés des adversaires. Alors Platon, ni une ni deux, il décide de prendre ses cliques, ses claques et ses annales du bac pour s'en aller faire la leçon au tyran. Il prend donc un avion furtif, saute en parachute, arrive en taxi et frappe à la porte du bunker présidentiel de Denys.

« Qui va là ? demande un cerbère à oreillette.

– Quelqu'un qui vient convertir ton maître à la vertu.

– Casse-toi, on veut pas de Témoins de Jéhovah ici. À plus forte raison s'ils sont sunnites.

– Mais ton maître y trouvera grand intérêt. »

Le Black mastiff à lunettes noires se ravise.

« Ça rapporte quoi ? demande le gros, en répétant ce que lui chuchote par l'oreillette dans sa trompe de grosse Fallope le tyran Denys de Syracuse.

– L'homme vertueux commande toujours mieux que le tyran.

– C'est des conneries. Prouve-le.

– Le tyran a pris le pouvoir pour en jouir. Or plus un homme veut jouir, moins il aime les efforts. Or moins il aime les efforts, moins il est capable de volonté et de persévérance, et plus il succombe à ses caprices et à ses sautes d'humeur.

– Et si ça me plaît, à moi, de suivre mes caprices ?

– Justement. Plus ça te plaît, plus ta volonté s'émousse et plus tu succombes à tes emportements.

– Et alors ?

– Un homme qui veut gouverner longtemps sans redouter une destitution doit prendre des décisions lucides, à froid, et les conduire jusqu'à leur terme. Il faut donc si l'on veut rester au pouvoir une volonté de fer et un tempérament impassible. C'est cela que j'appelle la vertu. CQFD.

– CQFD ?

– Ce Qu'il Fallait Démontrer. Plus un homme est vertueux, plus il a des chances de rester au pouvoir. Plus un homme aime le bling-bling, la fête au Fouquet's, le luxe et l'opulence, moins il *se* commande efficacement, donc moins il commande efficacement les autres, et plus il augmente ses chances d'être renversé. Le tyran est condamné à disparaître de la scène politique tandis que l'homme vertueux est assuré d'y demeurer. »

Le Black écoute le grésillement dans son oreillette.

« C'est bon, tu peux entrer. »

Platon s'installe dans les murs chez Denys et commence à en faire des tartines.

« Devenir vertueux, explique-t-il au couronné décadent, demande de la patience et de l'entraînement. Le programme de l'année est très chaud, et va falloir s'y mettre tout de suite si tu veux assurer au mois de juin. »

Au moment où il remonte sa manche de toge pour dessiner au tableau le grand corps caverneux, un mastard agent de sécurité en profite pour lui faire une clef au bras et l'immobilise au sol. Platon a beau essayer de se souvenir de ses heures passées au gymnase à pratiquer la lutte gréco-pas-encore-romaine, il reste plaqué dans la poussière, fou de rage et d'humiliation.

« Malheureux, ce n'est pas comme ça qu'on devient vertueux !

– Je m'en fous, je veux prendre du bon temps tant que je suis au pouvoir.

– Cela ne durera pas ! Tu finiras en enfer ! »

Je t'assure, lecteur, que l'échange est de cette nature-là, d'après ce qu'on lit dans la fin du *Gorgias* et au premier livre de la *République*. À quoi Denys répond, mort de rire : « Eh l'autre ! il joue au philosophe, rationnel et tout et tout, mais dès qu'il est confronté à l'irrationnel des hommes au pouvoir, le con ! il tombe dans le même défaut, et essaye de leur faire peur. »

Platon, le lendemain, on le retrouve, dans une soute de bateau pirate, au milieu des travailleurs clandestins mauritaniens qui tentent de passer en Espagne… Et plus tard dans un marché aux esclaves où les badauds vérifient l'état de ses dents et lui font lever les fumerons pour voir s'il a pas les pieds plats. Heureusement, un collègue de la salle des profs en vacances par là le repère, l'achète pour vingt mines d'argent, et Platon peut réintégrer ses pénates.

Mais ça le calme pas pour autant. Il n'a pas été foutu de rendre philosophe un roi ? Qu'à cela ne tienne ! Il va rendre rois tous les philosophes. Sitôt qu'il s'est remis, il achète un terrain à Athènes. Et il passe le reste de sa vie à former des philosophes pour qu'ils deviennent chefs de gouvernement…

Nous, avec le recul, on imagine le désastre. Des philosophes au pouvoir… Et pourquoi pas des aides-soignantes à domicile recrutées comme nageurs de combat ? Mais quand même, on dira ce qu'on voudra, Platon a pas eu froid aux yeux sur ce coup. Imagine-t-on BHL, alarmé par ce qui se passe en Libye et qui, cheveux aux quatre vents du désert, décide d'intervenir ? Enfin, *intervenir*…

BHL commande entre deux cocktails un bombardement de forces de l'Otan par le groom service du Carlton où il est descendu parler de son dernier film... C'est facile... Mais tu l'imagines, toi, BHL, descendre au palais présidentiel, demander une audience à Kadhafi, offrir un exemplaire dédicacé de *La Barbarie à visage humain*? Et ensuite planifier des révisions sur cinq semaines sur ce que c'est que la *pureté dangereuse,* le débraillage sophistiqué de la chemise et la démocratie de marché?...

Non, franchement, Platon était peut-être aveuglé par l'amour mais il avait quand même pas froid aux yeux.

Travaux pratiques

Assiste à une réunion publique d'un parti politique quelconque. Fais bien gaffe à reproduire les codes symboliques des adhérents de ce parti pour passer inaperçu. Au passage, tu noteras que plus le parti est à droite, plus les femmes sont surfemellisées. Et plus il est à gauche plus l'indifférenciation sexuelle par le vêtement est manifeste. Sois bien attentif à la thèse principale défendue par l'orateur. Ouvre grand tes esgourdes. Repère l'indigence philosophique des arguments qui la soutiennent. Au moment où la parole est à la disposition du public, demande-la, ce qui ne causera pas de problème en raison de ton assimilation des codes symboliques vestimentaires. Là, tu reprends la thèse de l'orateur. Attention! surtout pas pour la critiquer, mais au contraire pour l'amplifier (méthode de *l'induction amplifiante*, dite aussi *baconienne*) jusqu'à des conséquences très dérangeantes, absurdes voire effrayantes mais auxquelles l'orateur sera obligé de souscrire puisque ce sont ses propres idées qui sont développées.

Avec cette humiliation publique, tu peux raisonnablement espérer que l'orateur comprendra pour lui la nécessité d'accéder à une solide formation philosophico-politique. Alors tu pourras te mettre à sa disposition pour la lui fournir à l'issue de la réunion.

Pour la suite, vois travaux pratiques, leçons nº 10 et nº 13, exercice nº 2, conséquence de l'option B.

Leçon n° 15

Hobbes, idéologue pour vaches à peau bleue

Cours théorique

Il faut que je t'entretienne, mon pote, d'un lascar qui ne devrait pas avoir sa place dans cette galerie de portraits, car il ne s'agit pas d'un camerluche. C'est le soutien idéologique des vaches à peau bleue, et donc notre ennemi à nozigues, descendants d'Apaches et vrais Peaux-Rouges.

En plus, le pantre est cumulard question défauts, car c'est un Rosbif, de ceux qui nous coulèrent le *Dunkerque* par le fond et s'accouplent régulièrement avec des femelles rousses à la gueule trop pleine de ratiches et des nibards en oreilles de cocker. Mais l'homme a des circonstances atténuantes. Voilà en effet comment il raconte sa naissance…

Sa daronne encloquée jusqu'aux yeux s'en allait à petit trotton le long des côtes anglaises, lorsque soudain le fog se lève. Alors elle voit la mer couverte de navires espagnols, hérissés de canons. C'est l'Invincible Armada qui s'apprête d'envahir la perfide Albion. De saisissement et d'horreur, la pauvre en pissa sa côtelette, d'un seul coup d'un seul, sur la falaise, au milieu des embruns et des jurons catalans qu'un vent de mer poussait jusqu'à la côte. Or voici ce que Hobbes dit de cet événement : *Je suis né avec un frère jumeau, la Terreur.* Elle ne va pas le quitter de toute sa vie, et comme toujours, la peur le rendra triste et méchant.

Adulte, il quitte l'Angleterre, se balade en France pour se changer les idées. Et bing ! il déboule à Paname le jour où Ravaillac fait un accroc au maillot de corps d'Henri IV. Et comme un malheur n'arrive jamais seul, il décide de s'intéresser au taf de Descartes, lui écrit de belles bafouilles. À quoi le Français répond qu'il ne veut plus entendre causer d'un tel emmerdeur. Effaré par une Europe secouée de guerres civiles et religieuses, il revient chez les buveurs de fausses bières pour y couler une retraite qu'il espère plus heureuse. Mais il tombe en plein dans des magouilles courtisanes. Accusé, menacé, dégoûté, il s'en va mourir sans avoir eu le temps d'achever son œuvre.

Avec tout ça, Hobbes va monter une étonnante mayonnaise politique. Il dresse le portrait d'une humanité abandonnée à l'état de nature, et passant son temps à rejouer les pires scènes de *Mad Max* croisé avec *Cannibal Holocaust*, de Ruggero Deodato, le plus grand nanar du monde avec force étrangleries, émasculations et tournantes chez les cannibales. Jusqu'au jour où, d'un commun accord, les barbares renoncent tous à leur liberté pour arrêter leurs sanglantes conneries. Et ils se choisissent un gros facho en uniforme qui veillera à cet abandon.

Le gros en question tire une taffe sur son cigare puant, se remonte les couilles dans son treillis et demande d'une voix grasseyante :

« Et comment je fais, moi, pour m'assurer que vous allez pas utiliser librement vos calibres dès que la réunion est finie ?

– Facile, à partir de maintenant, tous les guns, ils sont à toi. Si l'un d'entre nous déconne, tu le flingues. »

Et c'est ainsi, selon Hobbes, que les hommes s'arrachent à l'état de nature, et entrent en civilisation. Sympathique programme !

Pour se guérir de Hobbes, il faut lire Diderot. Dans le *Supplément au voyage de Bougainville*, il raconte un chouette truc, qui va à l'encontre de toutes les saligauderies hobbesiennes. Avant l'arrivée des Blancs, explique-t-il, les populations du Brésil vivaient très peinardement.

« C'était le bon temps, racontent ces sympathiques bronzés. On cultivait le manioc. On dézinguait des piafs bellement colorés pour en bouffer l'aile et la cuisse, et puis on s'enfilait leur chatoyant plumage au cul pour séduire nos femmes. On passait la journée à palabrer sur l'avancée de nos rêves. Des fois, on prenait du tabac qui fait rire pour mieux profiter de nos rêves. Aussi on s'accouplait dans des hamacs auxquels on imprimait un premier mouvement de va-et-vient. C'est commode, ça permet de baiser sans se fatiguer. »

Les Blancs, avec leurs missionnaires, leurs arpenteurs et leurs lansquenets, en sont outrés, de ce bonheur. Ils imposent lois et règlements, propriétés et droit foncier, foi et civilisation… La hallebarde comme moteur d'intégration sociale pour faire bosser les moins de dix ans dans les mines de sel… Et alors, bizarrement, les Indiens renâclent, traînent des tongs… Eux qui s'enchibrent benoîtement et en belle innocence ne voient guère l'intérêt d'en avoir honte, et de demander pardon à genoux devant l'effrayante carogne d'un rouquin à loilpé accroché à deux poutres… De travailler aussi à retourner la terre d'autrui, ça leur semble incroyablement con… Mais le pompon, c'est les clôtures à bétail au milieu de leur forêt, les fers aux pieds, les cervelles brûlées à coups d'arquebuse, leurs pisseuses vérolées de longue par des soudards, puis les grippes qui déciment, l'alcool qui rend maboul, le feu aux cadavres en pyramide… À la fin, boudeurs, ces cons de primates ne veulent plus de la civilisation. Ils s'assoient par terre, le cul sur les talons, bras croisés…

« On nous fera plus bouger… Les dieux venus de l'autre côté du Grand Lac sont quand même des sagouins, on n'a pas idée… On était mieux à s'épouiller peinards, à se raconter des histoires de jaguars, à bouffer mémé et puis à s'enfiler des plumes de perroquets dans la rondelle, et puis à fumer nos lianes… On bougera plus. »

Indignés, les Blancs usent de la force.

« Vas-tu donc l'avaler, mon bouillon de civilisation ? Mon huile de foie de morue de bonnes mœurs ?!... »

Et vas-y qu'on taille dans la viande, qu'on réduit en esclavage, qu'on te brûle les paillotes et les petits bons dieux en colifichets coquillages et cailloux brillants... Tellement ils en prennent dans la gueule, les Indiens, qu'à la fin, voilà qu'ils se mettent à pas que rouscailler... Ils mentent à leurs maîtres, font les souffrants pour aller à l'infirmerie plutôt qu'à la mine... trichent... chourent du rabiot à la cantine... volent des armes. Et un beau jour, sortent le vengeur poignard et pflac! dégringolent le premier bourre qui passe... Les Blancs, surpris qu'on leur résiste en pendent quatre ou cinq, t'éventrent deux-trois femmes enceintes, et observent d'un peu plus près ces turbulents indigènes. Et puis déclarent :

« Ce sont bien eux, les barbares. Nous voulions leur apporter le travail, les arts et les sciences. Nous voulions les sortir de l'indolence improductive. Les voilà qui se rebellent, nous trahissent et bientôt s'arment contre nous. Qu'on apporte donc plus de poudre, de chaînes et de fers pour les libérer de leur misère et les conduire à la civilisation. »

Et cette nuit encore, dans un quartier populaire peinard, avec sa vie associative, sa solidarité entre habitants, ses réseaux d'entraide entre les générations, sa fumette et ses palabres, une bagnole va débouler et stationner. En sortiront des robocops armés de gommes-cogne qui joueront aux cow-boys. Ils diront être les représentants de la sacro-sainte sécurité. Et au nom de cette dernière, ils feront des contrôles, avec l'arrogance de ceux qui sont du bon côté de la matraque, de la loi, de l'État. Et les habitants, une fois encore, comme les autres nuits, esquiveront, mentiront, riposteront. Et s'armeront de toujours moins de patience et de toujours plus de caillasses. Il y aura des violences. Et au matin, devant les voitures calcinées, les élus et les journalistes seront rassemblés. Tous, l'air grave ou excédé, ils donneront de la voix dans un petit couplet dont ils ignorent qu'il a été fabriqué il y a trois cents ans. Tous, ils entonneront le refrain inventé par un Anglais paranoïaque qui justifia le génocide indien par les colons britanniques. Tous ils pousseront cette ritournelle qui depuis trois cents ans cherche à mondialiser un régime policier liberticide. Et tous, ils nous expliqueront, montrant la banlieue derrière eux :

« Ce sont bien eux, les barbares… »

Travaux pratiques

Exercice n° 1

Profite des vacances entre amis dans un lieu collectif (camping, camp de vacances, rassemblement de Hells) pour proposer, sur une journée, un tournoi de sixte. Organise le tournoi en édictant des règles très précises. Procède à une élection des arbitres. Donne-leur le pouvoir de constituer les équipes avant les matches. Fais bien préciser aux arbitres l'interdiction formelle du recours à la violence, qui sera automatiquement suivi d'une exclusion immédiate. Engage le tournoi.

1) Compte le nombre de gestes qui ne sont pas fair-play.

2) Additionne au nombre de contestations de décisions d'arbitrage.

3) Finis par un apéritif dînatoire. Observe la répartition des tâches dans l'apéritif, la surveillance réciproque, note les remarques pleines d'acrimonie, l'ambiance délétère au sein du groupe. Ajoute un point par remarque vexatoire.

Si la somme de ces trois paramètres dépasse 10, c'est la preuve que le meilleur moyen pour un groupe d'être violent et immature, c'est d'en confier l'organisation à un pouvoir rigoureux et intransigeant.

Exercice n° 2

Change d'amis. De toutes les façons, les gens du groupe précédent ne veulent plus partir avec toi en vacances, faut te faire une raison. Propose un tournoi de beach-volley. Mais cette fois-ci, précise qu'il n'y aura pas d'arbitre ou de pouvoir supérieur qui définira les équipes. Escamote le moment de définir les règles du jeu. Envisage même la possibilité pour les joueurs de se déplacer d'une équipe à l'autre, d'un match à l'autre. Fais confiance à l'intelligence collective du groupe. Engage le tournoi. Finis par un apéritif dînatoire sur la plage, en écoutant les meilleurs morceaux du parrain du ska, Laurel Aitken, et un peu de rocksteady. Peut-être l'album des Maytals, sorti en 68, *Sweet and Dandy*. Au milieu de la nuit, constate que personne n'a tenu le compte des points ou de quoi que ce soit, que tout le monde s'en fout, et que les dreadlocks vont super bien à cette petite brune, là-bas, en bikini jaune et vert, qui ondule sur *Hallelujah Train*.

Leçon n° 16

Si vous n'aimez pas Sade, n'en dégoûtez pas les autres

Cours théorique

C'est bien difficile de pénétrer Sade... Le problème c'est que plein de trucs ont été écrits. Des pages bien folles de rage s'indignant que son œuvre sente le rance du vieux foutre et le sanglot des chambrières. Et des autres, de pages, qui lui tressent des couronnes de pampre et de laurier et font des perles avec les larmes des pucelles. Les gloses abondent, savantes et verbeuses, mousseuses et savonneuses, on cherche dessous, à tâtons... Mais où est-il, le marquis, dans toute cette mousse tiède et vaporeuse ?... Alors on baratte, on baratte, on cherche Sade au milieu des vapeurs de hammam... On se dit qu'on le cherche devant et qu'il va nous gripper par-derrière... Alors forcément on fantasme... Ça en attire des qui viennent se rincer l'œil et l'âme, dans ce sauna malpropre qu'ils imaginent... Il y a du monde qui se bouscule au moucharabieh pour borgnotter Donatien Alphonse de Sade corrigeant ses épreuves… Dans la buée, à peine on distingue les silhouettes. On entend des viandes mouillées qui se frappent, des voix haleter, chuchoter, grogner…

« Permettez, comtesse, que je la mette bien profond dans l'oigne à votre fille et s'il vous plaît, jusqu'à la glotte.

– Mais faites donc, marquis, pendant que je vous doigte… Ah ! j'y pense ! À la fin, quand vous aurez bien arraché ses tétins, à ma fille, vous irez lui expliquer que ce que veut nature, c'est ce que veut Dieu puisque Dieu a fait la nature. De telle sorte que si vous violez ma vierge de fille, il n'y a rien de mal à cela, car si une pucelle excite un satyre, c'est bien naturel qu'en retour, elle se fasse tamponner le joufflu. Et condamner la chose, ce serait condamner Dieu de ce qu'Il a voulu… Ah et tiens ! mon Père, puisque vous êtes là à vous faire sucer par mon fils, plutôt que de me demander de m'agenouiller pour confesse, faites-le vous-même et profitez de la position pour… », etc. Et ça, pendant des milliers de pages…

La gauche en a fait sa vache sacrée, de Sade… Pensez donc, quarante ans de prison, des pages et des pages où ça s'enfile à tour de bras, de bite, de tisonnier, de manche de pelle ; un rôle actif dans la Révolution… Le résultat est porté aux nues par toute une frange de plumitifs qui s'imaginent qu'il suffit d'être transgressif et cochonesque pour être de gauche. Ils n'ont pas compris, les gogos, que dans son extension infinie, le capitalisme a besoin d'idiots utiles qui doivent aider à faire tomber les dernières barrières et retenues à la marchandisation du monde. L'alcôve était peut-être ce lieu ultime et secret où pouvaient se nouer des relations de connivence, d'offrande ou de partage entre des êtres humains échappant encore à leur chosification. Sade a transformé cette alcôve préservée en un creuset de la violence sexuelle, le siège d'expérimentations viandardes qui feraient triquer d'aise le docteur Mengele. Et les petits mutins de Panurge, remuant de la queue et bâillant de partout, de battre des mains : « Chic ! chic ! faisons une thèse sur Sade, on aura une conso gratuite dans une boîte gay du Marais lors de la fête de la section du PS. » N'empêche. Si on lit l'œuvre, n'en déplaise aux gloseurs de gauche, on aura beau s'user les yeux, on ne verra guère d'apologie de la liberté. Plutôt des mises en scène gothiques de séances de domination fasciste.

Mais alors pourquoi lire Sade ?

Justement, pour toutes ces raisons. Sade l'enfermé a été contraint à une écriture en liberté. On peut lire et on doit lire Sade non pour y voir une apologie de la liberté, mais au contraire parce qu'il y met en scène le crime et l'abjection. Et c'est parce qu'il écrivait des horreurs qu'il a pu ne pas les faire. C'est parce qu'il ne pouvait pas les faire qu'il a libéré sa plume et s'est autorisé, sur le papier, les pires sagouines ordureries.

Renversons la perspective : la vraie fonction de la littérature est de désigner le mal, de le circonscrire, de s'en approcher jusqu'à en faire sa bête câline, sa marotte, sa catin. Et c'est en nous approchant du mal, au lieu propre de la langue, que nous nous en éloignons dans la vie quotidienne et parmi nos semblables. Lardreau disait cela du polar : ce n'est pas une littérature d'évasion, mais d'exploration, sur les origines du mal. Le meurtre inaugure tout polar. Mais pour que le polar soit bon, il faut que le détective soit loser et qu'il ressorte plus abîmé, impuissant devant cette violence qu'il a cherché à comprendre et à contenir et qui l'aura finalement brisé. Lis Chandler, tu verras de quoi ça cause... Notre époque, conne à brouter du foin, s'indigne parfois des licences que la littérature prend avec les bonnes mœurs. Elle déplore que des héros de fiction y soient parfois des saligauds. Cette haine de la violence sur la scène littéraire s'accompagne comme par hasard d'une recrudescence de la violence dans la rue et sur la scène urbaine... Hasard?...

C'est pourtant pas sorcier à comprendre. Le seul moyen de diminuer la délinquance, c'est d'apprendre aux délinquants à écrire des polars et des bouquins de cul.

Travaux pratiques

Exercice n° 1

Comme la torture est proscrite par la loi (art. 222-1 à 222-6-1, renforcés par la loi n° 2001-504 du 12 juin 2001, art. 5 Journal Officiel du 13 juin 2001), ne cherche pas, lecteur ami, à reproduire les exercices du divin marquis, qui de plus sont coûteux en outillage et en temps (notamment pour le recrutement de nonnes qui soient *réellement* vierges). En revanche, exerce-toi à la principale activité du marquis, c'est-à-dire à une écriture en liberté, qui fasse fi des murs et des enfermements auxquels il fut confronté.

Pour ce faire, identifie tes propres prisons, et cherche à les renverser dans l'écriture par des moyens que la morale réprouve.

Exercice nº 2

Exact inverse du précédent. Choisis dans la littérature classique des monuments qui ont défié des siècles, défais-les de la gangue de sacré dont ils sont revêtus et qui les étouffe, et mets à nu leur intrigue et les caractères de leurs personnages. Constate combien il ne peut y avoir de grande littérature qu'à la condition qu'il y ait de grande déchéance humaine et de jolies perversions. Retranscris-les en une page à la manière d'un procès-verbal de gendarmerie. Pour débuter, commence l'exercice avec *Phèdre* sous l'angle de la pédophilie incestueuse. Puis continue avec *Crime et châtiment* sous le chef d'inculpation d'homicide avec préméditation et intermédiaire de prostitution.

Leçon n° 17

Schopenhauer, Bouddha boudeur au bordel

Cours théorique

Je suis le premier à dire que Schopenhauer est un sale type, antisémite et phallocrate, enflure de la dernière espèce. Il engrosse sa bonne puis il lui démolit le portrait à grands coups de canne pour lui faire pisser sa côtelette avant la date limite. Il dort avec deux flingues chargés sous l'oreiller de peur qu'on lui tire son artiche. Il refile ses lorgnons d'opéra à la flicaille pour viser du haut de son balcon des insurgés réfugiés derrière une barricade… Un sale type, je te dis, qui se pique de bouddhisme, professe l'extinction du désir et la dissolution de la volonté, mais dans le même temps, tient une comptabilité étroite de ses virées au boxon dans ses cahiers d'écolier. Et en détaillant l'article s'il vous plaît, une colonne par tapin et une ligne par séance. Mais il aimait son chien.

On ne lit pas un philosophe pour y découvrir un modèle. Les philosophes, à l'opposé des sages ou des prophètes, désirent la sagesse qu'ils n'ont pas. Ils ne sont ni plus ni moins hommes que nozigues, truffés de mauvaise foi et de petitesses autant que d'élans qui les font sauter par-dessus eux-mêmes.

Toutefois, dans le tas de mectons qui font métier de philosophe, Schopenhauer a une mention spéciale parce qu'il est, donc, *cruel.* Or un homme cruel n'est foncièrement pas méchant. Le vieux grigou s'acharne sur notre défaut majeur : nous nous berlurons de mignarderies sentimentales là où il n'y a que bidoche bandarde en attente de se faire boulotter par les astibloches. Les Latins – qui s'y connaissaient question étymologie puisqu'ils ont inventé le dictionnaire Gaffiot – ne s'y trompaient guère d'ailleurs : cruauté et crudité se disent semblablement dans la langue de Virgile. Oser voir les choses crûment nécessite qu'on soit cruel. Pas de place pour les bons sentiments en philosophie. S'il existait un tribunal politique de la philosophie et si Schopenhauer en était le camarade-commissaire, Frédéric Lenoir serait condamné au pal et Vincent Cespedes aux chiens. Je plains les chiens et le pal.

J'ai souvenir d'une flamboyante rouquine, avec dans le regard l'éclat chaleureux de la queue d'un serpent à sonnette. La terrifique gorgone, outre qu'elle buvait comme un trou des alcools blancs avec la rage désespérée de celle qui n'arrive jamais à l'ivresse, professait la philosophie à de virils lycéens, sport-étude en classe de rugby de Narbonne, dans le plein épanouissement de leur testostérone. Elle connaissait son Schopenhauer sur le bout de ses ongles taillés en pointe et vernis au rouge. Lorsqu'un importun fricassant du slip commençait une roucoulante parade nuptiale, elle lui balançait, comme ça, d'une voix de soie déchirée :

« M'aimez-vous ? »

Et quasi toujours, le cave qui bandait aussi dur que l'arithmétique chinoise, répondait du tac au paf :

« Oh, Sidonie, bien sûr que je vous aime. »

Alors elle, définitive et cassante :

« Rien n'est plus mensonger que *je t'aime.*

– Comment cela ? s'inquiétait le triqueur se redoutant triquard. Je puis vous assurer, ma mie, de la pureté de mes sentiments et… »

Mais la Sidonie ouvrait une gueule large comme un ciseau à circoncire et elle partait d'un fort rire germanique et nihiliste :

« Vous voilà, James, frémissant de ce que vous croyez être de l'amour pour moi, mais qui n'est que la tyrannie de vos organes. Et vous allez intriguer pendant des jours, m'offrir des fleurs, tenter de me faire rire, jouer la comédie du romantisme et les coquecigrues aristophanesques de l'âme sœur. Mais surtout, surtout, vous allez devoir supporter la frustration terrible de ne pouvoir me prendre là, à cru sur le parquet de cette salle des profs. Et tout ça, pour lâcher, dans quinze jours, une pitoyable giclette à la porte de ma matrice après deux ou trois saccades poussives et une grognerie de phacochère. Alors, à la terrible frustration de ne pas me prendre immédiatement comme une bête pour vous soulager dans mes entrailles, succédera chez vous, pauvre James, l'autre douleur, également terrible, de celui qui s'emmerde après l'amour, se tourne du côté du mur et se met à ronfler après la clope et le silence pesant qui s'ensuit. Ou pire, nous nous marierons, vous et moi, James, et nous ferons de beaux enfants, le temps que deux ou trois grossesses me déforment, que vous vous lassiez de moi et que vous vous en alliez baiser ailleurs, remplir de votre semence un vagin plus relui. La cause n'en sera pas que de jour en jour, vous m'aimez toujours moins, mais que vous vous emmerderez toujours plus. Mais rassurez-vous, cher James, moi aussi, je vous ferai cocu à tour de bite, non par vengeance ou plaisir, mais parce que la vulve commande et que, tel le Minotaure exigeant son offrande de jeunes chairs d'Athéniens, il faut à mon escalope à crinière, à cette béance métaphysique qui s'ouvre sur la vacuité de toute relation amoureuse, il lui faut, à cette fleur de nuit éclose à la rosée du néant, une offrande de biroutes toujours renouvelée qu'elle épongera, et goulûment encore, non pour profiter de l'instant présent, mais parce que l'on est l'artisan de son malheur sitôt que l'on veut être le maître de sa jouissance.

Pénétrez donc vite dans mon vagin, cher James, et finissons-en. Mais je vous mets en garde, la pente est glissante et elle ne mène à rien. »

On se doute qu'à cette leçon, James et tous les autres soupirants éconduits par Sidonie s'en allaient tirer leur gourme ailleurs – s'ils en avaient encore le courage et ne préféraient pas entrer au monastère bouddhiste de Saint-André-de-Sangonis. Quant à elle, je ne lui connaissais que quelques amants épisodiques, interminablement psychanalysés, minables s'interpsychanalysant. Croyait-elle vraiment à Schopenhauer ? Je doute que l'on puisse raisonnablement croire à cela sans être miné de tristesse. Schopenhauer, lui, s'enivrait de musique et de compassion pour le karma de son caniche. Il travaillait ardemment à se suicider de son vivant, non en supprimant son existence, mais en éteignant la conscience de cette dernière. Ainsi se perdait-il dans la musique de chambre, dans la cynophilie et la philosophie. C'est peut-être là le plus culotté et à quoi s'adonnait aussi Sidonie : philosopher devenait pour elle à la fois une manière de voir les choses en face et en même temps une manière de s'en échapper, par l'incontinence de la lecture et de l'écriture.

Mais rassure-toi, lecteur, et amusons-nous de lucidité contre ce prêcheur de clairvoyance : tout l'édifice du Teuton nihiliste ne doit pas nous faire perdre de vue l'essentiel. Cette bascule infernale contre laquelle il ne cesse de nous mettre en garde, et qui nous balade de la frustration du désir sexuel à l'ennui sitôt qu'il est satisfait, tout cela cache mal un petit problème d'éjaculation précoce.

La métaphysique de Schopenhauer est aussi vide que ses couilles sont pleines.

Et réciproquement.

Travaux pratiques

Exercice n° 1

Séduis une donzelle en balançant des coups de châsses, en faisant des mines, attire-la par-devers toi, et là, au moment de la poisser, débagoule du pur Schopenhauer pour la dégoûter à jamais de l'amour et de la copulation. Attention, l'exercice ne doit pas être animé d'intentions sadiques. Au contraire, il doit viser à délivrer la non-partenaire sexuelle de son addiction à une pratique qui doit être assez décevante, puisqu'elle n'arrête pas de la recommencer. Conduis ensuite la désillusionnée du sexe vers un détachement plus ample encore, en l'initiant à la compassion universelle du bouddhisme et en l'invitant à des stages de hatha yoga dans une yourte en Cévennes. Lorsque la donzelle est suffisamment en confiance et détachée du désir, propose-lui une partie de trou de balle. Dis-lui bien que de toute façon cela n'a plus d'importance : toi comme elle, le sexe vous indiffère.

Exercice n° 2

Pendant le coït, et précisément au moment du relâchement sensuel, fais tout pour garder conscience. Constate que c'est impossible. Réfléchis et comprends que c'est une ruse de la nature pour que nous soyons incapables de mesurer la gravité de notre acte. Ainsi pouvons-nous féconder un ovule sans mesurer l'odieuse saloperie qu'il y a à mettre un enfant au monde, c'est-à-dire à le condamner à mort.

Exercice n° 3

Baise avec une femme maigre et épilée. Constate que l'absence de toison n'amortit pas le choc de tes hanches contre ses os. Déplore cet état qui nuit un peu au bon déroulement de la séance. Tires-en la conclusion que la nature nous a rendus poilus de l'entrecuisse pour nous faire oublier, pendant que nous baisons, que nous sommes des squelettes en rémission, ce qui risquerait de nous dégoûter de la chose et compromettrait la survie de l'espèce.

Leçon nº 18

Hegel de bois

Cours théorique

En même temps qu'Arthur Schopenhauer, un autre philosophe donne des cours à la fac d'Iéna, aux mêmes heures que lui. Schopenhauer l'a fait exprès, histoire de lui piquer sa clille. Hélas, le public se rue assister aux cours de Hegel pour délaisser ceux de Tutur. Il faut dire que Schopenhauer sort des lapins sanglants et écorchés de son chapeau de désillusionniste : il détruit les prétentions de la raison à régir le destin des hommes. Il ricane quand on lui parle de progrès et de fraternité humaine. Et il trouve plus de sagesse chez les magnétiseurs et autres tourneurs de guéridon que chez les penseurs. Quant aux pleutres qui bredouillent que la philosophie aurait pour fonction de « donner du sens », il vocifère qu'elle est la conscience aiguë de la perte de tout sens. Puis la perte de cette conscience même.

Hegel, c'est pas pareil. Ce fils de petit fonctionnaire prussien destiné à devenir pasteur connaît sa première érection le jour où il voit Napoléon à cheval au milieu des ruines. Là où le plus ordinaire des pékins voit un dictateur qui vient de massacrer une population civile, Hegel distingue *l'âme du monde*. Il vend à qui veut l'entendre que la Raison est à l'œuvre dans l'Histoire. Tout ce qui est réel est rationnel et tout ce qui est rationnel, réel. Il chante sur tous les tons que l'Histoire du monde est une sympathique bougresse qui conduit l'humanité ébaubie jusqu'à la libération de ses chaînes. Elle n'a rien à faire, l'humanité, sinon se laisser porter par cette bonne grosse fée qui s'appelle l'Histoire en marche :

« Vous allez voir, il prophétise, le bedeau bureaucrate, un jour ou l'autre, ça va pas tarder, nous communierons tous dans un monde pacifié que c'est pas Dieu possible. L'Onu exercera un pouvoir de coercition sur les États, les gendarmes feront du hip-hop dans les cages d'escalier des grands ensembles et les loups tricoteront des pulls pour les moutons…

– Bon, d'accord, on a envie d'y répondre, mais entretemps, ça se tue et ça se déporte, ça s'envahit et ça se colonise, ça lutte entre maître et esclave…

– Mais justement ! précise Hegel en clignant de l'œil, on fait pas d'omelette sans casser des œufs. Les guerres ? Les déchaînements de violence ? C'est que maousse pouêt pouêt combine de l'Histoire ! Pour accoucher du progrès, justement ! »

Sous sa plume fiévreuse, tout s'enquille idéalement. L'humanité accomplit sa grande marche, hiératique et grandiose, vers le surhomme fonctionnaire des impôts modèle et la guichetière de préfecture qui refuse des faffes aux sans-papiers embusquée derrière son Hygiaphone.

Heureusement, un jour, Hegel meurt.

Sur son lit d'agonie, il alpague un de ses meilleurs disciples, le crampe au revers de veste et lui chuchote dans un soupir :

« Ma dernière volonté, disciple, sera que tu traduises toutes mes œuvres. »

Le disciple (sans doute un fonctionnaire des douanes ou un adjudant-chef en retraite) est trop jouasse de l'honneur, mais veut une précision :

« Et dans quelle langue voulez-vous que je vous traduise, maître ?

– En allemand. »

Stupéfaction du disciple.

« Mais, maître… Vous avez toujours écrit en teuton…

– Je sais bien… Mais ça reste illisible aux Allemands. »

Et il clabote enfin.

Eh oui, parce que non seulement la philosophie hégélienne est un conte de fées inepte pour titulaires de concours de la fonction publique, mais en plus, c'est mal écrit, balourd et pompeux comme une fanfare militaire. Simple précaution d'usage lorsqu'on tombe sur une page de Hegel : on n'y entrave que t'chi alors on croit que c'est de sa faute à soi, parce qu'on a plus de béchamel que de ris de veau dans le vol-au-vent. Mais pas d'affolement. On aura compris avec l'aveu ultime de Hegel de quoi il retourne. Chez cet immense bureaucrate de sous-préfecture, ce n'est pas le fond qui est compliqué, c'est seulement la forme qui est très confuse.

Walter Benjamin raconte, dans son *Paris, capitale du XIXe siècle*, qu'au moment de la révolution de 1848, lorsque les premières barricades furent dressées, on entendit les cloches sonner à tous les coins de rue. Mais ça n'était pas la curaille qui sonnait le tocsin. C'était les insurgés qui tiraient sur les églises et leurs balles faisaient tinter les robes d'airain des grosses dames. Ils s'attaquaient au temps et brisaient la destinée inéluctable à quoi leurs maîtres voulaient les lier.

Maintenant, il n'y a plus beaucoup de cloches, mais gare ! les hégéliens pullulent toujours. Aujourd'hui, pour savoir l'heure, ils jettent un coup d'œil à leur portable et ensuite, ils le fourrent dans la poche intérieure de leur veste. Il faut donc s'adapter. Pour en finir avec l'historicisme de Hegel, plus la peine de dézinguer les clochetons. Il suffit de viser la poche intérieure de ces charognes-là.

Travaux pratiques

Thèse : demande rendez-vous à ton banquier. Reste évasif sur l'objet de la rencontre. Une fois installé dans le petit bureau du « conseiller commercial », pose-lui de but en blanc la question de savoir si la crise va arriver. N'emploie aucun mot de vocabulaire tel que « capitalisme » ou « bulle financière », car l'interlocuteur supposerait être confronté à un militant ayant une conscience de classe et se fermerait comme une huître. Écoute-le s'enferrer tout seul dans une théorisation hégélienne sur le sens de l'histoire. Note les principaux arguments qui invoquent une histoire assurée de nous conduire vers le mieux, quoi que nous fassions. Remarque cependant la substitution de vocabulaire. À la place de Raison, le banquier parlera de Marché.

Antithèse : dans un second mouvement de l'entretien, introduis la place de la violence dans l'histoire. Parle des émeutes grecques. Observe que le conseiller commercial invoquera sans le savoir la dialectique hégélienne : ce sont des épreuves par lesquelles il faut passer pour accéder à une nouvelle régulation, ces crises d'immaturité d'un peuple qui n'a pas encore compris où va l'avenir, etc.

Foutaise : dans un troisième mouvement de l'entretien, annonce que tu vides ton compte.

Leçon n° 19

(Mad) Max Stirner, crémier anarcho-punk

Cours théorique

Imagine-toi un mec tout ce qu'il y a de plus cave : plutôt bon à rien, il tapera le pognon de sa femme pour monter une laiterie, mais son bouclard finira en faillite, sa régulière le quittera et lui croupira en zonzon pour dettes. Achève le portrait du hotu en précisant qu'il ne trouve rien de mieux, pour passer l'arme à gauche, que de claper d'une sale piqûre de mouche dans l'oreille. La honte. Le miché AOC, quoi. Tu vas te dire alors, vaguement colère :

« On s'en ballek, de ton gros naze, car on est venus pour de la philo et tu nous refiles de la crémerie, sans la crémière ni l'argent du beurre. De qui se fout-on, à la fin ? »

Patience, impétueux public, patience, ça va venir…

Adoncques, le gonze est prussien de chez prussien, à se siffler binouze sur binouze dans un bastringue qui sent la vieille pipe et le casque à pointe. Chaque soir, après la fac, mon binoclard se poivre doctement avec toute une bande de crapoteurs de bouffarde en terre cuite qui refont le monde. Faut dire qu'on approche de 1848, et les barricades hérissent la vieille Europe. La Bocheland n'est pas en peine : ça sent la poudre et l'émeute au coin des rues berlinoises ; la jeunesse théorise et lance des pavés conceptuels dans la gueule des flics. Mon type s'appelle Stirner, Max Stirner. Il est l'auteur d'un seul gros bouquin, l'un des rares bouquins de philo écrits par un Fritz qu'on arrive à lire. De quoi que ça cause ? Pour piger sa gamberge, rien de tel qu'un petit cinoche...

Adoncques, imagine un mec débordant d'attentions pour sa bagnole, te la bichonnant, te la poupougnant, te la polishant au poil de chamois. Et sa baraque itou, passant le ouikend à tailler les thuyas, à trier le gravier au râteau par dégradé de couleur. Et son clébard et sa bourgeoise pareil, qu'il te les sort pomponnés de la gueule au cul avec tout le poil en frisette. Un heureux propriétaire en somme... Or, cher public, suis bien le finaud de l'histoire : c'est que la bagnole, c'est bien connu, peut se faire chouraver et désosser par de malpolis argougneurs d'Europe de l'Est ; la baraque peut finir en fumée pour une sale affaire d'assurance ; le clébard peut mettre les bouts bicause le rut – comme la bourgeoise d'ailleurs – dès que la laisse et le compte en banque prennent du mou. Que reste-t-il alors à notre gniasse si fortiche ? Nada ! Rien de rien ! La faute, assurément, à ce qu'il n'a pas lu Stirner, lequel lui aurait tonitrué qu'il n'est qu'une seule chose qui m'appartient en propre et que nul ne peut me baluchonner : MOI.

Or voilà, et c'est le nœud de l'emberlificot, la dernière chose à laquelle chacun songe dès qu'il s'agit de déclamer ses droits de préemption inaliénables, c'est soi-même. Mais le seul bien qui m'appartienne en propre, c'est ni ma charrette, ni ma grognasse, pas plus que l'artiche ou quoi ou qu'est-ce. Une seule chose devrait être mienne : mézigue. Or mille et une intempestives lopailles veulent me retirer ma propriété sur moi-même. L'État le premier, à grands coups de lois, de décrets et de règlements, dont le seul usage est de me condamner à bosser à mort jusqu'à ce qu'enfin, citron exsangue et ratatiné, je finisse au fossé. La religion ensuite, fumisterie dont l'objectif est de me dresser à l'obéissance, au renoncement et à l'oubli de soi. Ma liberté commence donc lorsque crève l'État, ses gendarmes, ses préfets, lorsque crèvent l'usine et l'entreprise, avec ses patrons et ses actionnaires que les flics de l'État protègent et encouragent, lorsque crèvent les temples de tout poil, avec leurs ensoutanés, leurs rabbins et leurs imams sagouinards enturbannés et lubriques qui ne jouissent que de me voir renoncer à la jouissance d'exister. Toute cette truanderie vampirise mon moi avec une double invention dévastatrice : l'honnêteté et la moralité. Bêlante couillonnade que l'esprit de sacrifice et de don, du renoncement à soi au bénéfice du groupe. Si tout le monde s'efface dans l'intérêt de tout le monde, à la fin plus personne n'est là pour ouvrir sa grande gueule contre ceux-là mêmes qui dirigent le troupeau. Si les masses étaient plus marioles, elles seraient moins morales. La cruauté n'est pas une faute d'ordre éthique, c'est une menace de désordre politique. Les grossiums le savent bien, qui tout petit, dressent l'animal humain à lécher la main qui le bat. Lire Stirner nous aide à enrager les chiens.

Le savoureux du truc, c'est que Stirner est tout sauf un petit-bourgeois qui nous invite à la libre concurrence pour que nous nous entrebouffions les uns les autres. Le crémier autonomiste s'adresse à tous ceux qui se rendent compte qu'ils finiront dans le costard en sapin sans avoir eu le temps de vivre leur vie propre. À eux tous, qui sont opprimés par l'État, les patrons et les prêtres, il leur dit de s'associer librement, au gré de leurs intérêts, dans le but de ce qu'il appelle tantôt le crime ou l'insurrection. Mignon programme qui s'adresse aux opprimés pour qu'ils conjuguent leurs forces et naissent enfin à eux-mêmes…

Je te le disais tantôt, Stirner a fini déchard et laitier en faillite. C'est la lose complète. Mais qu'on se souvienne que les gonzes avec lesquels il buvait des binouzes en refaisant le monde s'appelaient Marx et Engels. Deux psychorigides barbus qui ne sont pas pour rien dans l'invention du goulag et la réinsertion de Georges Marchais dans l'industrie aéronautique allemande. Stirner, lui, s'en contrefoutait, des partis et de la basse politique. Seul lui importait de foutre à bas l'État, la religion et l'oubli de vivre. Il l'aura payé chèrement. En n'étant au service d'aucune cause, il n'aura servi à rien ni à personne. Sauf à lui-même. Mais de son mitard, celui-là qui dégueulait sur la moralité nous adresse un précieux salut, qu'il nous faut marquer à l'entrée des prisons et des usines, à la porte des entrants : « Soyez forts. » On le sera, mon pote, on le sera et on préparera, tu peux nous en croire, le joli printemps de l'insurrection et du crime.

Travaux pratiques

Exercice nº 1
Vends à la criée les *Douze preuves de l'inexistence de Dieu*, de Sébastien Faure, à la sortie d'une mosquée.

Exercice nº 2
Distribue le *Monde libertaire* à la sortie d'un meeting du Front national.

Exercice nº 3
Installe une table de presse et une pile de cartes syndicales de la Confédération nationale du travail à la sortie d'un meeting du Medef.

NB : Ces trois exercices ne peuvent pas être entrepris avant d'avoir parfaitement maîtrisé le contenu pédagogique de la leçon nº 2.

Leçon n° 20

Marx, petit tapin du Grand Capital

Cours théorique

Marx en a chié deux fois. Une fois dans la vie et une fois après. Toute sa vie, il a vécu dans la plus sombre mouscaille. Car Marx n'a guère connu l'aisance. Persécuté sur le continent, il trouve à Londres plus refuge que fortune. Alors il est obligé de taper de la thune à son copain Engels pour assurer les fins de mois. En même temps, c'est toujours facile de faire pleurer dans les chaumières prolétariennes en faisant de l'Eugène Sue croisé avec du Charles Dickens. L'image du bon père de famille, sociologue humaniste ne supportant plus le spectacle de la misère industrielle, choisissant en même temps la pauvreté et le combat pour la justice, elle en prend un sacré coup quand on essaye de mettre le zigue en adéquation avec ses théories. Marx est bourgeois jusqu'à la crasse qui met ses ongles en deuil. D'ailleurs, en vrai bourgeois, il engrosse sa chambrière et demande à la bonne poire d'Engels de s'occuper du gamin à sa place. Pendant ce temps-là, il magouille dans les Internationales pour s'arroger la majorité au Bureau tandis que le mouvement ouvrier est favorable à l'anarchisme de Proudhon. Et ce pognon qu'Engels lui refile pour l'entretenir comme une vulgaire danseuse, d'où crois-tu qu'il vienne ? De la plus-value produite par les travailleurs de l'industrie textile, plus-value qui leur est volée, puis ensuite accumulée, capitalisée par le propriétaire… Engels, qui en reverse une part à Marx !… Merci qui ? Merci les pauvres !

En plus, après sa mort, il a droit au retour de manivelle, mais il l'aura bien cherché. Une fois rendu muet par la camarde, il sera contraint de faire la polisseuse d'asphalte pour la moitié des dictatures du XXe siècle.

Mais bon, faut pas tirer sur les ambulances. Le grand mérite de Marx, quand même, aura été de retourner la chaussette au vieux père Hegel. Souviens-toi de la leçon n° 18, où Hegel apparaissait en grand prêtre de la religion du Progrès. Et souviens-toi de la précédente, de leçon, où Marx est là, à boire des coups dans un lounge bar branché de la Friedrichstrasse à Berlin, avec Stirner et d'autres mauvais garçons qui prennent des airs marles et se laissent pousser la barbe à Moustaki. Alors, contemplant le fond de sa chope de Berliner Kindl, il lui vient une idée très choucarde. Il renverse la perspective hégélienne : ce n'est plus l'Histoire qui s'empare des hommes et les conduit, à travers le chaos des révolutions, jusqu'à la terre promise de la future Jérusalem terrestre. Ce sont maintenant les hommes qui retroussent leurs manches, font les révolutions et ainsi conduisent l'Histoire, peut-être, jusqu'à l'instauration du communisme des moyens de production. Et le voilà qui s'échauffe les sangs, Charlot, qui demande une tournée de ce petit gewürzt moelleux comme le cul d'une quarantenaire et qui voit, dans le fond du verre bu, comment ça marche, ces convulsions et ces luttes. Il invente le concept de lutte des classes comme moteur de l'histoire. Et attention, hein ! quand Marx découvre ça, il ne tombe pas dans la caricature que commettront ensuite tous les marxistes. C'est pas parce qu'on a une casquette vissée sur la citrouille, une clope roulée au coin du bec façon Gabin et qu'on bosse à Billancourt qu'on est nécessairement du côté de la classe des opprimés. C'est drôlement plus affûté que ça. Les lignes de front dans la lutte sociale traversent le prolétariat comme la bourgeoisie. On peut trouver dans le monde des ouvriers et des employés, toute une palanquée de gniasses dont les ambitions sont celles de la bourgeoisie la plus rétrograde, et dont les seules aspirations sont d'être aliénés à la sphère de la marchandise. Et réciproquement, tu peux trouver chez les bourgeois des consciences sociales foutrement plus éclairées. Les jeux sont jamais faits parce que les classes sont jamais définies une fois pour toutes. C'est sa place au combat qui donne la valeur d'un homme, pas l'uniforme ni le grade.

Toujours un truc m'étonne, avec les marxistes, c'est qu'ils n'aient jamais osé marxiser Marx... Je m'explique. Tantôt, je te détaillais comment Marx ne vivait pas des fruits de son travail. Le père fondateur des villages vacances en Sibérie pour opposants politiques subsistait grâce aux générosités prodiguées par le chef d'entreprise

Engels. Je sais pas si on comprend bien la portée du machin… Marx était entretenu par un patron. Un grand patron, tout ce qu'il y a de gauche, mais un grand patron quand même. Donc, c'est pas exagéré d'affirmer que Marx était la petite tapin du Grand Capital. Alors si maintenant on applique Marx à Marx, qu'est-ce que ça donne ? Marx n'écrit pas selon sa volonté, comme le prolo ne fait pas ce qu'il veut à la chaîne. Il exécute le vouloir de celui qui l'embauche. Or Engels est un ingénieur dans le textile. Son horizon intellectuel est bouché par l'obsession de la machine, du piston, du rendement, du cheval-vapeur… Dans sa petite trombine, c'est la java des boulons, le fox-trot des emboutisseurs… C'est lui qui va pousser son salarié, son travailleur intellectuel, Marx, à écrire *Le Capital*. Voilà pourquoi ce chiantissime pensum dégueule plein de colonnes chiffrées et de calculs de rentabilité. Tout ce que le monde connaît de gauchistes, de syndicalistes, de militants sur le retour ne jure que par cet Almanach Vermot de la comptabilité industrielle. Or, Marx, l'usine, ça l'empègue. Le cambouis, ça lui file des nausées. Lui, son rêve, avant de se faire mettre le grappin dessus par ce vieux hareng d'Engels, c'était de continuer la philosophie. De commenter Épicure. De se goinfrer tous les matérialistes de l'Antiquité. Et mieux même, son grand truc, à lui, c'était surtout pas de descendre dans l'usine. C'était de descendre dans l'âme du prolétaire… Tu me crois pas ? Lis donc les *Manuscrits de 1844*. C'est le vrai Marx, celui d'avant sa rencontre avec ce barbiquet d'Engels. Là, on comprend la vraie passion de Marx, du Marx encore puceau, pas dessalé. On mesure toute sa force intellectuelle. Son nibé dans ces pages ? Montrer où se situe le champ de bataille du capitalisme. Or ça n'est pas que dans les usines. C'est d'abord à l'intérieur des caboches. Parce que le propre du prolo, c'est pas qu'il s'habille en bleu de chauffe avec des airs canailles. Le vrai du prolétaire, c'est que sa vie intérieure est un désert et un désastre. Toute l'obsession du capital, c'est pas seulement d'exploiter, c'est aussi d'aliéner ses esclaves, de leur imposer une vie dépossédée de toute humanité. Alors, privés de grandeur et d'éclat, incapables d'envisager une vie pleinement humaine, ils se réjouissent de leur misère et redoutent d'y échapper.

C'est dommage quand même... Si Marx n'avait pas été travailleuse du cul dans une maison d'abattage tenue par un maquereau gauchiste, la face du monde en eût été changée. Au moins la face de la CGT. Tu les imagines, toi, les militants de la CGT, brûler les usines et défiler dans la rue en exigeant toujours plus de littérature ?

Travaux pratiques

Exercice n° 1

Imagine la rencontre, dans les bas-fonds de Londres, le soir de Noël, entre Marx et une petite fille travaillant dans les usines de textile d'Engels, outrageusement exploitée par ce dernier. Mais la marge de bénéfice qu'il en retire, additionnée à toutes les plus-values qu'il fait sur l'ensemble de ses ouvrières, permet à Engels de donner à Marx assez d'argent pour continuer d'œuvrer à la libération du prolétariat. Détaille le dialogue, non entre la gamine et le philosophe – la petite est anémiée et elle ne survivra pas à la nuit de Noël – mais entre le philosophe et sa conscience.

Exercice n° 2

La lutte des classes est une réalité effective que l'idéologie dominante s'efforce de masquer en permanence pour désamorcer tous les conflits sociaux et maintenir l'hégémonie de la classe au pouvoir. Le cinéma commercial a cette fonction politique. Fort de cette théorisation marxiste rigoureuse mais imbitable, va voir au cinoche le dernier blockbuster venu d'Hollywood. Étudie notamment les points suivants : 1) collaboration de classe entre deux individus que tout oppose dans le champ social (ex : *Intouchables, La Belle et le Clochard, Shrek*) ; 2) naturalisation des rapports de domination (ex : *Le Roi Lion*) ; 3) héroïsation des agents d'oppression au service de l'État (superflics) ou diabolisation des minorités sociales ou politiques (artistes toujours drogués, contestataires toujours sales) ; 4) représentation dégradante des travailleurs manuels (systématiquement éboueurs ou travaillant dans des dépôts clandestins de drogue) ; 5) héros débarrassé des contraintes du salariat (heures de travail, revenu, hiérarchie). Fais le décompte des séquences qui entrent dans l'une ou l'autre de ces cinq catégories. Au-delà de dix points, le film est un outil de propagande de l'impérialisme américain. Au-delà de vingt points, tu peux être certain que cette merde fait deux millions d'entrées, et c'est à désespérer de la classe ouvrière…

Exercice n° 3

Engage une lutte sociale sur le lieu de travail. Fais un relevé graphique, sur l'organigramme de la boîte, des positions des uns et des autres dans la lutte. Remarque la ligne de séparation horizontale qui divise la prétendue communauté unifiée des travailleurs entre ceux qui sont fidèles au patron (soulignés de jaune) et ceux qui se battent pour la justice sociale (soulignés de rouge). Note aussi les transfuges sociotraîtres qui ne sont pas de la couleur correspondant pourtant à leur classe d'origine. C'est dans leur gobelet à café qu'on pourra verser la cendre des clopes. Note l'évolution du front de jour en jour. Marque de petits drapeaux la conquête de nouveaux services sur la CLC (Carte de la lutte des classes). Affiche chaque jour la CLC dans un lieu de passage de l'entreprise. Marque d'un point jaune celui qui l'arrache.

Exercice n° 4

Dans le cadre de ton travail, fais des mines et des poses, des entrechats et des ronds de jambe auprès du DRH pour le convaincre de la nécessité de monter un ciné-club au sein de la boîte. Explique que le lieu de travail doit aussi être un lieu de plaisir… Parle d'intérêt de l'échange et de la rencontre… Apprendre à se connaître et à mieux s'apprécier… Faire tomber les murs… Le DRH est toujours très perméable à cette propagande de collaboration de classe. Sitôt que c'est gagné, profites-en pour lutter contre l'aliénation dans le lieu de travail. Programme donc les films suivants : *Oser lutter, oser vaincre !* de l'ex-maoïste Jean-Pierre Thorn ; *Les Lip, l'imagination au pouvoir*, de Christian Rouaud ; *Au Diable Vauvert*, de l'anarcho-bolchévique masqué Thierry Lanfranchi ; *Larzac un pays qui veut vivre (Lo Larzac, un païs que vòl viure)*, de Michel Cabirou et Didier Durand ; *Jour de grève à Paris Nord*, de Jean-Louis Comolli et Ginette Lavigne ; *La Reprise du travail aux usines Wonder*, de Jacques Willemont, alors à l'Organisation communiste internationale, et enfin, *Les Groupes Medvedkine*, de Chris Marker, inspiré par le cinéma-vérité de Vertov, ce monument à la gloire de la révolution de 1917.

Mets quand même de côté *Intouchables* au cas où ton DRH viendrait assister à une séance de projection.

Leçon n° 21

Paul Lafargue, chômeur en CDI

Cours théorique

Paul Lafargue a tous les défauts du monde. Bâtard de chez bâtard, ce Cubain est juif, jamaïcain, et même pas complètement. Marronnasse croisé hybride, c'est un melting-pot à lui tout seul, une espèce de rastafari goguenard lâché dans l'enfer de la révolution industrielle. Le jeune bougnoule déboule à Paname et décide d'user ses frocs en fac de médecine, ce qui fait tache au milieu des fils à papa en polo Fred Perry, mèche propre et short à carreaux… Très logiquement, on le fout dehors pour avoir proposé de simplifier le drapeau français en se débarrassant du blanc (trop salissant) et du bleu (trop cotte de travailleur)… Il calte chez les Rosbifs, finit sa médecine et proclame qu'il n'en fera jamais son boulot vu que c'est que charlatanerie, attrape-gogo et roublardise en fiole et pilule. C'est décidé : il fera grève toute sa vie.

Déjà, môme, turbiner l'outrait, Paulo. Branleur était une vocation, rien foutre, un sacerdoce. À Londres, il a le béguin pour Laura, une des filles de Marx, la vole à son daron et en fait sa promise. Les époux retournent en France pendant la Commune pour monter aux barricades et défourailler sur les Versaillais. En suite logique, Paulo est contraint de partir en cavale avec les dèks au cul à travers toute l'Espagne, retourne en Angleterre, clape du bec, estomac au vent et flottant dans sa limace, mais rien à foutre, c'est pas ça qui va le forcer à bosser. Il s'engage tant que ça peut dans les polémiques révolutionnaires de l'époque, fait de la prison, devient toujours plus collectiviste. La taule n'assagit pas son homme, c'est bien connu. Ça ramollit les déjà-mous mais ça endurcit les déjà-durs. Et Lafargue boxe dans la dernière catégorie, de ceusses qu'en ressortent plus inflexibles encore. Et quand l'armée tire sur la foule des femmes et des enfants de mineurs grévistes, dans le Nord, à Fourmies, Lafargue donne des conférences furieuses sur le sujet et est à nouveau encabané. Puis, libéré, il nique leur race à tous les bourgeois qui rêvaient de le voir en proscrit, rasant les murs et s'excusant d'exister, et s'arrange pour siéger au Parlement, à l'extrême-gauche.

En 1911, avec Laura, ils ont bien soixante-dix balais au jus, et se sont bagarrés toute leur vie, pendant cinquante ans, pour le communisme et l'internationalisme. Or la vieillesse les emmerde et ils ne sont pas du genre à planter des fraisiers en attendant que ça vienne. Un soir donc, ils s'assoient dans leur petit siège en osier, face à face, se sourient, se remontent la manche gauche, et pfuit! s'injectent de l'acide cyanhydrique. Rideau.

Mais c'est pas que pour sa vie que Paul Lafargue mérite qu'on cause de lui. Il a scribouillé un petit machin gondolant, assez connu mais mal lu qui s'appelle *Le Droit à la paresse*. En gros, le propos ? Comme son nom l'indique : les trimardeurs crèvent de se battre pour le droit au travail, alors qu'ils feraient mieux d'être cossards, militants cossards. Et pourquoi donc ? Pour trois majeures raisons.

Et d'une, c'est bien connu, le travail rend con : il épuise une quantité considérable d'énergie physique, nerveuse, intellectuelle, en échange de quoi l'honnête travailleur gagne juste assez de picaillons pour tortorer, se payer le loyer de sa minable cambuse pour le mois, mettre de la benzine dans sa bagnole pour aller tafer tous les jours, remplir le frigo le samedi matin, se piquer la ruche le samedi soir pour oublier sa misère et retourner le lundi au turbin. Travailler moins permettrait de faire autre chose que perdre sa vie à la gagner.

Et de deux, plus les tocards travaillent, plus ils surproduisent mais moins on les paye. Et moins on les paye, moins ils consomment ce qu'ils produisent. Or moins on consomme, moins on paye le travailleur. C'est le cercle visqueux. Le résultat, c'est que la machine économique s'engorge de biens et de produits qui l'encombrent, s'enfle de pauvres au chômedu, se dégueule par en dedans de dettes qu'elle n'arrive pas à honorer. Elle a beau s'avaler son vomi tant qu'elle peut, la chiasserie capitaliste, tintin ! sa boyasse sous pression craquelle, se péritonise, et vlaf ! comme en 1929, elle lâche la sauce, dégobille et la merde fricarde et pognonesque te repeint murs et plafonds.

Et de trois, c'est que le développement des sciences et des techniques libère les hommes d'autant plus facilement que les machines les remplacent de mieux en mieux. Et ce temps libre, il n'est pas occupé qu'à rien foutre, à boire et à baiser – qui, déjà, sont de saines non-occupations. Il peut être enfin consacré à ce qui fait qu'un homme s'accomplit en tant qu'homme : il invente, il rêve, il crée. Va surtout pas croire, pétulant public, que la création en question n'est qu'œuvre d'art. Elle est une création d'un autre genre, bien galbeuse, car collective, et qui n'a pas encore été goûtée par l'humanité : la politique. Pour l'instant confisquée par d'étroits abrutis pour lesquels l'horizon reste de faire marner autrui, de le condamner à tafer et s'épuiser à charbonner, la politique, une fois l'homme libéré du travail, pourrait devenir le temps et le lieu d'une création gratuite, désintéressée, jubilatoire et collective.

On comprend mieux pourquoi le pouvoir flippe de nous voir patauger joyeusement dans l'oisiveté. Moins nous bossons, plus il est faible. Ne travaillons donc jamais. Et créons sans cesse.

Travaux pratiques

Apprends à ne rien foutre. Cette discipline mériterait qu'on l'olympise, car elle est loin d'être aisée et demande un bel effort. Tu prendras garde, mon pote, au cours de l'expérience de la paresse, à ne pas sombrer dans le désœuvrement. Il faut pour cela une progressive désaccoutumance à cette drogue qui s'appelle le travail, et c'est l'objet, justement, de ce TP. Par paliers progressifs, tu t'interdiras les heures sup. Tu te mettras d'abord à temps partiel, enfin tu te prépareras au grand saut dans la liberté qui s'appelle la paresse. La paresse n'est pas désœuvrement, je te disais, parce qu'elle ne doit pas être inactivité. Cette dernière engendre en effet des érythèmes au cul et des langueurs à l'âme. Tu devras donc t'entraîner à cette paresse supérieure qui consiste à négliger de faire, sans pour autant être inactif. Cela nécessite un exercice quotidien à des activités improductives telles que faire l'amour, bavarder, lire de la philosophie, apprendre les poètes... Ainsi commenceras-tu par faire l'amour deux fois par semaine, et tu essayeras, selon l'âge et le partenaire, de le faire deux fois par jour, mais tu prendras garde au risque de claquage. De même, tu liras les philosophes, en t'interdisant plus d'une page par jour, et en bénéficiant de sparring-partners confirmés. Pour Spinoza, tu feras déjà un peu de sac à raison d'une page par jour, puis tu monteras sur le ring avec Robert Misrahi, ensuite avec Deleuze. À la fin, tu pourras raisonnablement passer une semaine à ne rien foutre sinon lire Spinoza. Et baiser comme un lapin.

Leçon n° 22

Nietzsche, l'Antéchrist à domicile

Cours théorique

Dans *T.N.T.*, un morceau d'AC/DC daté de 1975, Bon Scott chante qu'il est de la dynamite. Et, beau joueur, il met en garde ses auditeurs dans la suite du refrain. Dès qu'il arrive, il vaut mieux planquer ses filles, sa femme et claquemurer sa porte arrière. Les exégètes se tâtent encore pour savoir si la dernière expression est vraiment à prendre au premier degré. Bon Scott refoule-t-il une homosexualité contenue dans le nom même du groupe – AC/DC signifiant en argot américain homosexuel celui qui aime autant conduire la loco qu'être dans le wagon de queue ? Mais l'intérêt n'est pas là. Le marrant de l'affaire, c'est que Bon Scott reprend une expression de Nietzsche. Juste avant de partir en maison de fous, le philosophe teutonique rédige en 1888 *Ecce Homo*. C'est son autobiographie fantasque, dans laquelle il confesse être lui aussi comme Bon Scott, de la dynamite… Même métaphore et même destin tragique, puisque Nietzsche mourra après dix ans de mutisme et Bon Scott noyé dans son vomi au fond d'une Renault 5... Mais c'est bizarre, question destinée tragique, celle de Nietzsche marque plus les esprits...

Donc, Nietzsche.

Nietzsche est un emmerdeur cosmique. Il va parvenir à renverser deux mille ans de décadence qui se donnent des allures de civilisation. Pourtant, aux yeux des agents d'opérations boursières, des créatifs dans les boîtes de com et des managers qui s'habillent *casual* le vendredi soir, c'est un loser de chez loser. Sa fiche signalétique se résumerait à ces quelques notes : « *Nietzsche Friedrich : SDF. Vit de la mendicité familiale. Habite dans des chambres de bonne au gré de ses déplacements en Europe. Aurait peut-être chopé la syphilis dans un bordel à Cologne. Ou est en train de développer un cancer du cerveau. Ou une dépendance à des cames psychoactives censées calmer ses migraines. Aurait été sujet à des troubles bipolaires de type II. Joue du piano. A des moustaches énormes. Vante le surhomme. Finira avec une écrevisse dans le vol-au-vent. À surveiller.* »

Puis Nietzsche retrousse ses manches et ses moustagaches, et il gronde d'une voix zoroastrienne : « Bordel, ça peut plus durer, cette charogne de Dieu. » Mais comment va-t-il s'y prendre, pour s'en débarrasser, de cette grosse carne? Et que met-il à la place? Il a, pour détailler l'affure, une très choucarde histoire, qu'on la dirait piquée à Buñuel sous LSD. *Les Trois Métamorphoses*, ça s'appelle. Ça narre l'histoire d'un chameau qui devient lion et se transforme en môme... Note que ça pourrait raconter pareil les métamorphoses d'un pauvre type en sale mec puis en mauvais garçon…

Ça a débuté comme ça. C'est l'histoire d'un chameau. Le chameau c'est nous, écrabouillés qu'on est sous le fardeau des obligations, traînant la mistoufle au désert, sans rien à gloglotter. Rien bon qu'à fermer sa gueule, à se ramasser des coups de trique et à être au service du furibard Bédouin et de ses Bédouines – les gloussantes salopes, là, qui se fourrent de dattes et de loukoums sous la tente à longueur de journée, avec leur peignoir froufrou tout liseré d'une clinquante joncaille en ferblanterie… Des coups, voilà le salaire !… des coups de trique sur les côtes !… Le désert à traverser et sa gueule à fermer !…

Mais y en a des, des chameaux, que ça leur court sur le haricot, des régimes secs pareils. Alors, tout soudain, les voilà-t-y pas qu'ils se métamorphosent en lions. Il leur en a fallu, de la fureur et de la rage, pour se laisser pousser les crocs et préférer la carne au fourrage… Mais c'est chose faite… Effroi chez le Bédouin et ses Bédouines ! Le vieil Arbi a beau s'en frotter les châsses, du miracle, pester son Coran pour renvoyer les djinns à dache, ballepeau ! Rien n'arrête le fauve ! Ses pâturons maousses sèment la mort et la désolation dans la casbah ! La bête, d'un coup de mâchoire énorme, t'arrache trois, dix nichons de Bédouines, te fait sauter la caboche au Bédouin ! C'est une débauche de violence au désert ! La barbaque vole en quartiers ! Le sang gicle ! La foire à la bidoche ouvre ses portes ! Tajine de Bédouin aux abricots de ses femmes pour tout le monde !… C'est une horreur sans nom… Et puis enfin, le silence s'abat sur le charnier. Le sable sirote le jus à en devenir noir. Le lion s'est soûlé de carne et il a aimé cette farouche ivresse. Alors plus rien ne l'arrête. Il a pris goût au sang des maîtres de jadis, t'embuscade leurs caravanes, te les pille et te les éventre... Il est le maître de terreur et les Bédouins lui payent une dîme de fraîche barbaque bédouine ou chamelière à chaque fois qu'ils arpentent ses terres.

Mais y en a des, des lions, qu'une langueur les prend, des fois à la nuit. Ils contemplent les étoiles, grignotent un os ou deux de Bédouins, mais le cœur n'y est plus. Il leur faut un destin plus grand. À quoi bon régner sur un désert et devenir le maître des esclaves... Alors, à nouveau, la magie du désert opère... La crinière tombe, et les hardes puantes de carogne s'effondrent comme un tas de chiffes... Tout soudain !... Ô merveille ! Splendeur des djinns et du désert ! Qu'Allah est grand dans son incommensurable magie !... Un enfançon sort de la pelure vermine puante ! Et sitôt qu'il est sorti du ventre de la bête morte, le lardon s'invente des jeux à l'infini, sans souci de vengeance ni de ressentiment, pour le pur plaisir de jouer, avec la terrible et lumineuse innocence du miston qui se contrefout du bien ou du mal...

Au XVIe siècle, en Islam iranien, Ibn Arabî a cherché dans le désert un môme pareil... Élias, il s'appelait le gniard mystique, Élie artiste... Un ange, un djinn, un prophète, on sait pas... Un enfant qui joue dans le désert, avec une innocence plus terrible encore que celle du lion qui déchiquette ses proies... Quiconque approche Élias et est initié aux règles de son jeu connaîtra le secret de l'or philosophal... Paracelse le cherchera aussi, le bel enfançon, l'avatar du vif-argent... Mais chut...

Après Nietzsche, on ne peut plus philosopher comme s'il ne s'était rien passé. Peut-être même qu'on ne peut plus faire de philosophie du tout. C'est ce que dit Heidegger. Puisque le Grand Moustachu Syphilitique a refermé la parenthèse de la métaphysique, il faut passer à autre chose. Alors quoi ? Le Grand Récit Platonicien vient enfin de se taire. Nietzsche, son mérite, ç'aura été de nous montrer que ce discours-là, d'une vérité qui précède tout récit, c'est rien qu'un récit, et baratiné par Platon... Avec Nietzsche, se taisent tous les grands récits qui racontaient que le sens du monde venait de l'au-delà du monde. Restent des petits racontars, le bruissement infini des palabres qui remplacent la Grande Histoire. Le roman est l'avenir de la philo, tu le sais, ça ? Tu sauras, pour ta gouverne, mon pote lecteur, que c'est ça le postmodernisme de Lyotard. Mais tu sauras aussi que c'est ça, la pop philosophie de Deleuze, que je vais essayer de te causer plus tard. La pop philo à laquelle se livrait Deleuze, c'était bavasser gentiment sur les polars, les nanars de série B, Claude François, le surf, les machines qui bricolent du concept à la va-comme-je-te-pousse... Adieu grandiloquence et effets de manche ! Bye-bye philosophe en chaire à défaut d'avoir de l'os !... Adieu la gravité sentencieuse !... Tricoter mille récits philosophiques dans le silence incrédule de Dieu qui ne croit même plus en lui... C'est un peu ce que je fais, moi, modeste arsouille, avec ce dont je t'entretiens, à t'en raconter une autre, de philosophie. À t'émailler mes causeries au coin du feu de portraits de gueules d'empeigne, de bandits qu'on enchtibe et de mal élevés qui pissent à la raie des convenances... Pas très pop, moi, plutôt punk. Plus Sid Vicious que Claude François, en définitive.

Allez basta, j'en ai fini avec Nietzsche. J'aurais bien causé de son Zarathoustra, qu'est quand même un sacré pistolet, avec ses aventures de prophète sans foi ni loi, avec ses funambules, ses vaches sacrées, ses aigles et ses tarentules... C'est du Nasreddine le Sage. Mais raconté par un Teuton, donc en moins drôle, avec beaucoup plus de seconds rôles qu'on se demande pourquoi, et toujours pas de gonzesses... C'est dommage ça, que Nietzsche ait pas été Rital. Tiens, Federico Nicci, il se serait appelé... Il aurait écrit un Zarathoustra macaroni, dans la banlieue napolitaine, à fond de Vespa. On aurait eu des laitières mafflues et dégorgées aux fenêtres de leur cuisine, cheveux défaits. Elles l'auraient initié à l'immanence et aux apparences, à la danse tragique du monde... Ça aurait été autrement plus bonasse, comme petit cinoche... Federico serait en train de bourriquer la viandarde toujours à sa fenêtre, tout debout, en levrette. Le mari cocu aurait déboulé furax, à gueuler sa race et la Sainte Vierge qu'il allait lui faire la peau... et Federico l'aurait traité de sous-homme, le cocu, incapable de consentir à la volonté de puissance, ravagé par la mauvaise conscience du judéo-christianisme, et il lui aurait proposé de partager le cul de sa femme, par-delà bien et mal... Ça aurait fini en western au milieu des nouilles, avec la grognasse, tous nibards dehors, échevelée Perséphone, et les deux, là, le cocu et le philosophe en pleine roustasse... Et même à la fin, je vois la scène d'ici, Federico Nicci enfouraillant de son monumental polard le petit mari et puis reprenant sa grosse toujours beuglant à la fenêtre qu'on l'assassine, et passant du cul de l'un à celui de l'autre en chantant du Wagner... Une belle scène, ça... Quelque chose entre Pasolini pour la caution intellectuelle et Joe D'Amato pour la glorification des puissances vitales... En même temps, à la réflexion, j'ai pas tort... Federico Nicci, comme nom, ça fait vraiment pornostar sur le retour...

Mais allez, hop! faut bien s'arrêter à un moment ou un autre. Je m'étais dit de faire court et rigoldingue, surtout avec un lascar comme lui. Pas se prendre au sérieux, donner dans l'anecdote croquignolle et édifiante... Fallait bien que je montre la bascule, comment on peut plus faire de la philo pareil, depuis...

En tout cas, tu sauras qu'il ne faut jamais se moquer d'un SDF à moustache. Ce mec peut te crucifier Dieu d'un seul regard.

Travaux pratiques

Exercice n° 1

Fais le test de l'éternel retour. Contemple ta vie, ce que tu en as fait jusqu'à présent, ce qu'elle a fait de toi. Puis pose-toi la question suivante, très grecque et très stoïcienne : « Si le monde devait périr dans les flammes, puis renaître identique à lui-même, et si ma vie devait elle aussi se rejouer, semblablement en tout point à ce qu'elle est aujourd'hui, si rien ne changeait, et si tout recommençait, gouffres et sommets, splendeurs et horreurs, à jamais et de toute éternité, verrais-je cela comme une bénédiction ou comme une malédiction ? » Si tu y vois une bénédiction, c'est que tu as le sens du tragique grec, et tu peux te faire pousser des bacchantes en guidon de vélo. Si tu y vois une malédiction, purge-toi des excès de moraline, crapahute quinze jours en haute montagne, dans les Alpes suisses, en prenant comme seule lecture *Ainsi parlait Zarathoustra*. Tu auras peut-être une chance de choper la chtouille au bordel.

Exercice n° 2

Va au tribunal pour assister à un jugement. Baisse la tête si tu retrouves des anciennes connaissances. Tu es ici incognito. Observe les changements physiologiques sur le visage des victimes au moment de l'annonce du verdict exemplaire. Sois attentif, au-delà des marques de soulagement bien légitimes, des éclats dans le regard, des esquisses de demi-sourires. Ce sont des indices qu'en profondeur, en deçà de la conscience, il se passe quelque chose : la victime jouit secrètement de faire du mal à son tour. Toute prétention morale à exécuter une sentence de justice cache une volonté de puissance qui cherche la vengeance et s'en repaît cruellement.

Exercice n° 3

Va au musée, non pour y voir les croûtes pendues au mur, mais pour y suivre le gogo qui s'arrête devant une toile pour murmurer ou s'écrier : « C'est génial. » Au-delà du discours, sens, dans l'intonation, dans le mouvement de menton, ce qui se dit, vraiment. Comprends que la proclamation du génie est une manière de dire que le talent est tombé par hasard ou par la volonté des dieux sur l'artiste. Par conséquent, il n'a pas eu besoin de travailler, n'a donc pas de talent, et pas de mérite. Gratte alors la dernière couche : comprends qu'en niant tout travail et toute excellence à l'artiste, en affirmant que l'inspiration artistique n'a rien à voir avec les efforts qu'on lui consacre, le bonhomme justifie qu'il n'a jamais fait d'efforts et qu'il n'en fera jamais pour se hisser au niveau de la création esthétique. L'amour du génie, c'est d'abord la haine du travail créateur et c'est l'adoration de sa propre médiocrité.

Exercice n° 4

Pour cet exercice, tu dois d'abord avoir un gros tracas. Va-t'en courir jusqu'à atteindre l'état de second souffle (environ quarante minutes). Constate alors que le corps est dans un état où il se régule de lui-même, sachant comment respirer, trouver son rythme, au moment précis où la volonté de courir reflue. Admets qu'il y a donc, dans le corps, une Grande Raison, ainsi que Nietzsche l'appelle, dont l'intelligence est infiniment supérieure à tout ce que la conscience pourrait décréter. Continue de courir en oubliant la performance, le temps qui passe, la vitesse. Mets-toi dans un état de lâcher prise où le recours à la conscience vigilante est aboli. Constate que lorsque cet état est atteint, d'un seul coup d'un seul, des pensées affleurent à la conscience sans que cette dernière en ait la paternité. Stupéfiant !... Et ces pensées sans origine consciente peuvent proposer des modes de résolution du tracas initial !... Dès ce jour, envoie paître les casquettes...

Car dorénavant, tu peux vivre sans ta tête. Et souviens-toi, sans être offensant : le plus intelligent, dans le gendarme, c'est peut-être le képi.

Exercice n° 5

Étudie de près la vie du professeur Choron rapportée dans le *Journal* de Marc-Édouard Nabe, à l'année 1984. Lis en parallèle *La Volonté de puissance* de Friedrich Nietzsche. Analyse en quoi Georges Bernier, *alias* professeur Choron, fils d'une garde-barrière, orphelin de père, *enculeur de sergent-chef* (*dixit*) en Indochine, éditeur de presse et auteur de jolies chansons, a beaucoup de traits qui le rapprochent du surhomme nietzschéen.

Leçon nº 23

Encore Socrate, vie et mort d'un cosmique troupier

Cours théorique

En réalité, pour tout dire, Nietzsche n'avait pas bien compris Socrate. Ou plutôt, il ne l'a perçu qu'à travers les besicles à Platon. C'est pourquoi il a interprété la mort de Socrate comme un suicide maquillé. Socrate manquait-il de niaque pour supporter la vie et s'est-il jeté sur la morticole chopine pour en finir avec cette épreuve ? C'est la thèse de Nietzsche, et c'est ça que je voudrais te recauser, mignon ami lecteur, car c'est d'importance...

Une pièce doit être ajoutée au dossier Socrate, que je t'ai pas encore détaillée. C'est la scène finale de la mort du vieux. Elle précède le générique de la fin du film... Éteins la lumière, j'allume le projo...

Un golgoth torse nu entre dans la prison, couenne de sanglier et cagoule pointue. C'est le bourreau. Il présente l'infernal pichtegorne à Socrate. Socrate lève son bock et hésite. Aurait-il les foies ?

« Juste pour savoir..., il demande, je peux porter un toast ?

– Hein ?

– Un toast aux dieux. J'ai intérêt à le faire, vu que je vais aller les rencontrer d'ici pas tard... Imagine si je déboule dans leurs appartements divins et qu'ils me reprochent que je leur ai pas porté un toast...

– Beuh... bafouille le bourreau pour qui ça fait beaucoup de mots dans une phrase.

– Écoute, je vais pas t'emmerder plus avant, l'interrompt Socrate, je vais le porter, ce toast aux dieux, et puis c'est tout. »

Et voilà qu'il commence à pencher le verre sur le côté pour balancer le jus de la treille mortelle sur le carrelage ! Car c'est ainsi qu'on est chez les Grecs, comme chez les Roms quand ils sont sur la tombe à leurs encavés et qu'ils versent une petite lampée de pive. Ou comme on fait dans les Îles au premier rhum servi : on en balance un peu sur la terre pour calmer les ancêtres qu'ont le rif à la gargue. Le bourreau se jette sur Socrate et le retient in extremis.

« Mais t'es pas un peu dingue ?! le gronde-t-il, je me suis pris la tête à doser très exactement la came rapport à ta taille et ton poids !... Si t'en gâches, ça te tuerait qu'à moitié !... Tu veux tout de même pas me saloper l'ouvrage ? Tu respectes donc pas le travail bien fait ?

– Comme tu veux, répond Socrate, en grimaçant. Mais je te préviens, si les dieux commencent à m'emmerder, je dirai que c'est de ta faute... »

Le bourreau a à peine le temps de blêmir par crainte du mauvais œil que Socrate vide sa chope cul sec.

« Allez hop, encore un que les Spartiates n'auront pas ! »

Et il s'essuie les moustagaches d'un revers de manche.

Hurlement d'effroi de toutes les copines à Socrate qui manquent défaillir dans leur toge Versace. Mais le vieux n'en a cure. Il s'essuie le bord des lèvres et claque du bec.

« Bon, et maintenant, qu'est-ce qu'on fait ?

– Ben, bredouille le bourreau... je vais te retirer les chaînes que t'as aux pieds. »

Il s'exécute.

« C'est pas croyable comme je me sens mieux. »

Et là, ce vieux vert-galant de Socrate coule un regard lourd de pelotage dans la pénombre à son petit favori de Phédon, de quarante ans son cadet. Et en se massant sensuellement le ripaton douloureux, il lui murmure à l'oreille d'une voix de Barry White :

« Comme quoi on a beau dire, hein, jamais on prend autant de plaisir qu'en étant tout près de la douleur. »

Re-hurlement d'effroi – et de jalousie – des garçonnes dans leur drapé Armani.

Le bourreau prend par la main Socrate et l'aide à marcher dans la carrée, de long en large, pour activer le poison. À un moment, Socrate titube et marque un temps d'arrêt. Il contient peut-être un petit rire forcé, je sais pas... Le bourreau le fait asseoir. Socrate respire un peu plus fort. Il lui semble que l'air met plus de temps à aller jusqu'au fond de ses éponges. On n'entend plus que ça, dans la geôle, Socrate qui respire à grandes goulées. Sa cage thoracique retombe à chaque fois comme un gros soufflet percé. Le bourreau s'agenouille et lui pince les orteils. « Tu sens quelque chose ? » Non, répond silencieusement Socrate en secouant la tête. Le vieux philosophe serre ses mains sur le banc de pierre, il déglutit à une ou deux reprises. Un peu de salive épaissie colle à la commissure de ses lèvres. L'œil se voile. Il souffle toujours. Le bourreau lui pince la cuisse. « Tu sens quelque chose ? » Non, répond silencieusement Socrate en secouant la tête. Alors le bourreau le prend dans ses bras, comme un enfant, un coude replié sous la nuque, l'autre sous les reins, et il le couche sur le lit de pierre. Socrate regarde le plafond. Il est pâle mais ses jambes sont plus blanches encore, comme deux colonnes de marbre veinées de bleu où les tendons saillent. Le bourreau est penché sur lui. Il lui pince maintenant le bas du ventre. Il ne lui pose pas la question, mais il commente aux amis de Socrate, rassemblés à trois pas de là. « Le froid remonte jusqu'au ventre. C'est bientôt fini. » Socrate a dû entendre. D'une main aux doigts engourdis et aux ongles bleutés, il cherche un morceau de linge et commence à s'en couvrir le visage. Le bourreau s'écarte silencieusement. Avant de se couvrir définitivement la face, Socrate hèle son vieil ami de toujours, Criton. L'homme s'approche. D'une voix pâteuse, le vieux philosophe murmure :

« N'oublie pas de sacrifier un coq à Esculape. Tu me le promets ?

– Je te le promets. Mais tu n'as rien de plus… de plus… Tu n'as rien d'autre à nous dire ? »

Mais Socrate s'est recouvert la figure de son voile. Le temps s'arrête. Puis un long cri. Une note unique. C'est Phédon qui s'effondre…

Et puis soudain le linge sur le visage s'agite. Phédon s'étrangle dans un hoquet tétanisé. Criton retire vivement le voile. Mais c'est trop tard, Socrate n'est plus là. Il n'y a plus qu'un cadavre.

Criton lui ferme les yeux et la bouche.

Fondu au noir. Générique de fin.

Platon et Nietzsche, tout frères ennemis qu'ils sont, feront la même fixette sur le zigouillage du coq noir au dieu de la médecine. Le rite s'effectue lorsque l'on est guéri d'une longue maladie. Pour Platon, ce serait donc le signe que la mort libère du corps et affranchit l'âme des contingences terrestres. Elle peut retourner au monde des essences, monde auquel elle a aspiré pendant toutes ces années où elle vivait emprisonnée dans un corps comme un tombeau. Alors Nietzsche triomphe et exulte : « La voilà, la preuve de tout ce que j'avance ! Platon et Socrate sont bien les mêmes : la vie leur est insupportable, et ils la passent à préparer leur mort. »

Sauf que Jankélévitch a une autre idée sur la chose. Jankélévitch, c'est un gonze, la première fois que je l'ai vu, c'était à Bernard Pivot, sur la télé noir et blanc à mon grand-père. Mon grand-dab, c'était un vieux forgeron unijambiste, bouffeur de curé et radical comme on n'en fait plus. Il avait la fierté du bleu de chauffe de prolétaire et je l'ai toujours connu habillé en ouvrier. Il avait son bleu pour la semaine, tout rapiécé aux coudes, et son bleu du dimanche, bien repassé avec les plis sur les manches, pour descendre boire un coup et taper les brêmes à la

Boule d'or… la Boule d'or c'était un estanco tenu par le sosie à Yvette Horner. Juré craché. Mais naine. À peine on lui voyait la choucroute derrière le zinc. Quand elle remettait la tournée, on se guidait sur l'avancée de sa touffe écarlate pour savoir quand avancer son verre… Mon vieux dabuche, lui, faisait partie de cette aristocratie ouvrière, viscéralement athée et qui n'avait d'autres cultes que ceux de la République et du génie des grands hommes. En vacances chez les grands-parents, môme, le seul jour où je pouvais veiller devant la télé, c'était le jour de Bernard Pivot. On regardait ça religieusement, toutes lumières éteintes, baignés dans la lueur bleutée de l'écran qui nous tuait les yeux. J'entravais pas grand-chose, ninard que j'étais, mais je communiais silencieusement avec la dévotion de mon vieux pépé. Et là, boum, on tombe sur un type, il avait un nom à coucher dehors en Sibérie. Vladimir Jankélévitch. Philosophe… Pivot le présente, l'autre se cale en fond de siège, l'interrompt de temps à autre, d'un trait piquant mais pas méchant. Et puis le voilà qui se met à parler… D'abord, il se cale mieux les fesses, et on sent que c'est parti pour la corrida des concepts. Pétillant d'humour, la mèche secouée au gré de sa fougue, Janké fait mine de s'emporter, mais c'est pour de faux, ça se sent tellement il suinte l'humanité rieuse… Il monte de la voix, puis redescend en douceur, flûte dans les aigus, fait une pause, redescend d'une octave… Laisse aller poulette, c'est une valse !… L'œil est comme la braise, la main joue sur un piano de lui seul perçu… Il jongle, tourbillonne, funambulise et volte, fait du trapèze avec les idées, s'amuse avec Pivot… Pivot joue à celui qui s'étonne, et Janké joue à celui qui s'étonne que Pivot s'étonne. Je comprends rien du tout à son « je ne sais quoi » et à son « presque rien », mais je suis ébloui... Ébloui par le rythme, la virtuosité, la profondeur légère, le patinage à glace sur un étang sans fond... Ça m'a laissé transi, de savoir qu'on pouvait être avec les idées comme un rossignol avec ses trilles... Elle était bien la télé, à l'époque, de donner ça en exemple à la jeunesse...

Elles ont passé, les années, mais quand je monte à Paris, toujours je fais un tour derrière Notre-Dame, en passant par les jardins qui sentent fort la crotte et le jaja des cloches. Y a sa plaque, à Jankélévitch, en marbre blanc : *Celui qui a été ne peut plus désormais ne pas avoir été ; désormais ce fait mystérieux et profondément obscur d'avoir vécu est son viatique pour l'éternité.* Toujours j'ai une pensée pour lui. Et pour mes grands-parents. Mais j'ai du mal à être émotionné complètement, parce qu'après je vois la touffe à la patronne de la Boule d'or. Les voies qui mènent à la philosophie sont d'un étrange... Mais tout ça m'égare... Où sont les neiges d'antan... faut garder l'œil sur la boussole, nom de Dieu, Guyard...

Alors oui, Jankélévitch voit l'affaire Socrate sous un tout autre jour. Il remet dans le contexte et constate que Socrate est le roi de la déconne. L'ironie, c'est sa méthode... Toujours passer pour une andouille pour pousser l'autre à se gonfler d'importance. Lui laisser le champ libre à sa bêtise mafflue, l'exhorter doucement à se raconter d'aise. Passer pour un couillon admiratif pour que l'autre fasse la grenouille qui s'enfle et s'enfle... Et au dernier moment que le gros se sent plus, bing ! attaquer, réfuter, et faire éclater les panses... La méthode socratique est celle du subtil foutage de gueule. Socrate joue de provocation. Mais pas la provocation à la manière des performances de Diogène, qui se branlait au marché des poissons au milieu des ménagères de moins de cinquante ans. Une provocation finaude, masquée… Socrate porte le masque de la respectabilité bourgeoise pour s'introduire dans les bonnes maisons et les causeries fines. Mais c'est toujours le même cinéma. Tout le monde l'attend pour qu'il joue un petit numéro du philosophe, entre la poire et le fromage. Le genre de truc qu'adore la bourgeoisie de province, avec son sage en bout de table, le teint fleuri, la bedaine réconfortante, un verre de fine à la main droite, un cigare à la gauche. Et des propos de table, un poil cyniques mais pas trop. La Bruyère transformé en lavande. Chateaubriand devenu Brillat-Savarin. Un rot contenu – pardon, madame la baronne – et hop, encore un bon mot… Sauf que Socrate, lui, sitôt qu'il a la jaffe ouverte, c'est pour couvrir de ridicule la meilleure société qui l'invite… Mais attention, sans la pourrir d'insultes. Il balance tranquillou des vérités scandaleuses avec la bonhomie étonnée et placide de celui qui croit dire des beauferies de bon aloi partagées de tous.

En veux-tu un exemple ? À son procès, on lui demande quelle peine il envisage pour lui-même. Ses avocats lui suggèrent de courber l'échine, de demander à payer une amende et de promettre de la fermer, maintenant. Alors Socrate se lève, se racle la gorge et demande un bureau en mairie, où les gens pourront venir le consulter. Et il rajoute qu'il demanderait bien aussi une indemnisation, à peu près égale à celle des sportifs de haut niveau… Le tribunal vire à l'émeute, on lui jette des choux pourris, les rombières essayent de l'éborgner avec leur pébroque, les encostardés hurlent au scandale, les petits chiens le mordent au mollet... Mais Socrate s'en fout et jubile. On le condamne à mort? Il s'en contrefout!... La farce continue et c'est lui qui monte les enchères. Il périra de ne pas savoir mettre un frein à la déconne, Socrate! Son but et sa jouissance, dans l'affaire, c'est de mettre les autres dans des états de stupéfaction ou de rage tels qu'ils ne s'appartiennent plus, qu'ils cessent d'avoir empire sur eux-mêmes, qu'ils arrêtent d'adhérer à leur misérable existence! Qu'ils s'en étonnent ou qu'ils en aient honte, Socrate s'en fout... Socrate, c'est Alfred Jarry chez les Hellènes!... Clovis Trouille qui barbouille le Péloponnèse! Quel chamboule-tout dans les honorabilités athéniennes!... Tous aux abris, Socrate débarque! La boîte à claques conceptuelle qui déculotte et ravigote! Un rire d'ampleur cosmique, qui retentit jusqu'à dévisser le cul à Zeus de son nuage, pressent Jankélévitch...! Socrate? Cosmique troupier!...

Alors quand Jankélévitch relit la mort de Socrate, il éclate à son tour d'un bon rire qui secoue sa mèche. Il voit comment Socrate fait tourner bourrique ce gros con superstitieux de bourreau. Il comprend comment Socrate, jusqu'à la dernière seconde, fait de l'esprit avec ses amoureux, continue de leur porter sur les nerfs et de les exciter, afin de leur faire comprendre qu'il n'y a pas grand-chose d'autre qui vaille la peine d'être vécu que l'amour, une partie d'agace-cul et un peu de tendresse. Et quand Criton se penche vers lui, ah là là, quelle rigolade!... Jankélévitch affirme que personne n'a atteint un aussi haut degré d'humour noir. Faut se remettre la scène en tête, quand même... C'est un sage. LE sage catégorie poids lourd... Tous sont penchés sur lui pour recueillir sa dernière parole pour l'éternité. On espère du tragique, du grandiloquent. Un truc mémorable, qu'on se remémorera à la fin des banquets, à l'heure bleue, quand la digestion un peu lourde du sauté de biche aux airelles accompagné d'un gaillac un peu trop puissant rend mélancolique... On voudrait comme Élisabeth Ire qu'il murmure : *Ma fortune pour un instant de plus.* Ou alors comme le grand Simenon : *Maintenant je vais enfin pouvoir dormir.* Ou alors comme Gagarine : *J'ai terminé ma mission. Je reviens...* Mais non, rien de tout ça. Socrate dans un souffle d'agonie rappelle à son vieux poteau Criton qu'il faut payer le docteur... Parce que c'est important de payer ses dettes... On devine l'embarras de Criton, la gêne des disciples... Le modèle de vertu, l'homme prêt à mourir pour des idées, face au peloton d'exécution, demandant qu'on le détache pour recompter sa ferraille dans son morlingue... Navrant...

Jankélévitch reprend la situation et explique qu'on n'a pas encore mesuré la portée ravageuse du trait d'esprit. Tout le monde attend une fulgurance métaphysique... et au moment de clamser, Socrate parle pognon ! Et en plus pour rembourser le seul corps de métier inutile dans cette situation-là... Dire merci à son toubib le jour de son décès, faut oser...

Et pourquoi Socrate s'entête-t-il à couvrir de ridicule les attentes de ses disciples ? Parce qu'il refuse de prendre acte de la mort. Parce qu'elle n'est pas un événement de la vie, et il n'est pas d'autre urgence, tant qu'on est vivant, que de vivre et de *bien* vivre. C'est la première raison. Et puis il y en a une autre : Socrate n'est pas un sage. Il ne délivre pas de message. Il ne pouvait donc pas, sur son lit de mort, dispenser une sagesse exemplaire. Ou plutôt, il lui fallait dire à ses disciples : « Bande de thons ! Moules ! Ne vous inclinez pas devant une sagesse que vous n'auriez qu'à suivre et qui vous éviterait de vous mettre en mouvement. Cessez de m'écouter ! Arrêtez de me prendre pour un modèle ! Allez vous faire foutre ! » Ultime affirmation de liberté pour un homme qui refuse d'être enfermé dans la figure iconique du sage. Qui refuse tous les enfermements, même celui de la sagesse. Il fallait donc à Socrate, dans un geste de panache ultime, ridiculiser ce sage que ses disciples voulaient qu'il fût.

Voilà la théorie de Jankélévitch. Elle libère Socrate de sa pesanteur platonicienne. Elle en fait un faune pétillant de malice, beaucoup plus proche de Nietzsche qu'on pourrait le croire. Peut-être que Nietzsche manquait d'humour… Faut dire que là-dessus, Jankélévitch était imbattable. La preuve ? Le sommet de l'esprit français était, à ses yeux, tout entier contenu dans les pièces de Feydeau…

Parole ! La philosophie aura fait un grand pas quand on montera une pièce avec le ballet des portes qui claquent, le défilé des grands nigauds enamourés, Phédon en soubrette et Socrate planqué dans le placard à cocus.

Travaux pratiques

Exercice n° 1

(NB : Cet exercice est le complément pédagogique de l'exercice n° 1 de la leçon n° 1.)

Tu le sais maintenant, très affûté lecteur, la méthode socratique ridiculise ses interlocuteurs pour qu'ils échappent à leurs automatismes. Pour les faire tourner bourrique, en somme. Pour cela, il faut engager un débat avec la cible et passer progressivement, insensiblement, du « formatage » à la « saturation » (Rossetti, 2011). Le *formatage* consiste à enfiler des banalités pour déclencher la connivence et la sympathie, pour donner l'impression que le jeu est inoffensif et les prémisses partagées de tous. La *saturation* vise à faire monter la tension en réfutant systématiquement toutes les prémisses dans le but d'induire un choc émotionnel durable. Alors voilà, mon pote… Tu sauras que le passage de l'un à l'autre doit se faire à l'insu de la victime, en recourant à ces principales techniques socratiques que sont la démonstration, le mot d'admiration, l'affectation d'amnésie, l'analogie, le contre-exemple, le hors sujet, la drague éhontée, les généralisations abusives, et tout ce baratin confus dont les philosophes se font une spécialité et qui donne l'impression d'être cohérent. Dans tous ces cas de figure, tu feras bien gaffe à la chose suivante : il est impératif de ne pas laisser à l'interlocuteur le temps de la réflexion.

Car si son auditoire se met à réfléchir, même le meilleur des philosophes est perdu.

Exercice nº 2

Prends ta meilleure plume et transforme *Le Banquet* de Platon en un vaudeville ou une pièce de boulevard. Veille bien à la distribution des rôles : la Grande Zaza (Agathon), la soubrette en guêpière (Pausanias), le comique troupier (Aristophane), le vieux professeur (Eryximaque), la Grosse Sosso (Socrate), le cocu (Aristodème), l'amant (Phèdre) et le jeune permissionnaire amoureux (Alcibiade).

Tu noteras au passage que chacun fait le pompier de service à tour de rôle.

Leçon n° 24

George Orwell, la clochardisation comme voie vers le socialisme réel

Cours théorique

Pour toute une génération d'écrivains, le meilleur moyen d'apprendre à écrire, ça a été de savoir manier un fusil et de tirer sur les ennemis de la liberté. Orwell est l'un d'eux. Quand il rallie la Révolution espagnole de 36, il devient instructeur militaire pour les engagés volontaires qui veulent se battre sur le front en Catalogne. Il sait parfaitement ce qu'il fait, ce grand échalas dont la peau rose crame au plein cagnard de Barcelone. Ce n'est pas un frisson d'adolescent trop vite grandi. L'arme, il connaît. Il a été sergent en Birmanie pour le compte de Sa très Gracieuse Majesté. C'est là où il a contemplé l'étendue du désastre capitaliste. C'est là où il a foutu son uniforme au feu après avoir décidé de faire corps avec les opprimés. À partir de là, il s'en ira zoner dans les bas-fonds de Londres et de Paris pendant près de dix piges, partageant la mistoufle avec les déchards, la gamelle quand elle vient. Il vivra les asiles de nuit crapoteux tenus par des marchands de sommeil pires que des proxos dans une maison d'abattage. Il connaîtra la décarrade quand les bourres veulent se payer une bonne suée revigorante en se cognant du clochard, les nuits au poste... Il saura les totos dans les cols de chemise, la faim, la peur, la pluie, l'entraide aussi... Et c'est pas des poses. Les ruelles insalubres de Londres se rappelleront à lui à chaque fois qu'il crachera ses éponges mitées dans son mouchoir. Mais lui, il persévère, prend le train pour le nord et s'en va partager le pain noir de la misère avec les mineurs de Wigan. Sa grande carcasse de flegmatique *so british*, avec sa pipe au bec et sa fine chatouilleuse à la Errol Flynn, il la traînera au milieu du prolétariat de son temps, pas comme on va au zoo, mais pour endosser la tragique destinée sociale des miséreux. Peut-être il expiait la Birmanie, comme ça, ses origines de classe... Mais c'est trop facile... On n'a pas le droit de se venger sur lui de nos petites lâchetés... Lui, Orwell, il vivochera vraiment déveinard, faisant la plonge à Paris, devant sa survie aux œufs de ses poules tellement le flouze est rare. Il vit avec les petites gens, et c'est eux qui vont l'initier au socialisme. Pas le socialisme d'estrade qui se déplie à l'occasion du bazar électoral. Encore moins le socialisme d'État, décrété dans des burlingues par des ronds-de-cuir. Le socialisme des pauvres gens, qui ont la force morale de refuser d'être pauvres types. D'eux, Orwell retiendra une grande leçon d'humanité : plus ils sont pauvres, plus ils sont partageux et moins ils se permettent des choses entre eux. Des égards pour autrui, de la gentillesse discrète, du soutien loyal, sans roulage de mécaniques... Le socialisme est moral, voilà la grande découverte d'Orwell... C'est une espèce d'intelligence sociale, une pratique de la solidarité ordinaire, une culture populaire de l'entraide grâce à quoi le peuple immense des gens de peu a pu survivre jusqu'à aujourd'hui...

À Barcelone, il ne verra pas beaucoup les brigadistes, ceux que la propagande appelle encore aujourd'hui « Républicains espagnols ». Normal, ils n'étaient que vingt-cinq mille, les soi-disant Républicains brigadistes, pour un million et demi d'adhérents à la centrale anarcho-syndicaliste de la CNT. Il n'était pas Républicain espagnol, le peuple espagnol. Le peuple espagnol, lui, il s'en foutait de la république bourgeoise. Il voulait se débarrasser de Franco, et dans la foulée, balancer au fossé de l'Histoire la société de classes que défendent tous les réformismes. Il voulait la révolution, le peuple, l'abolition de toute domination, tout de suite, sans passer par le bourbier interminable des aménagements et des compromissions des républiques bourgeoises. Sans rien attendre de personne, en quelques mois, on a ouvert des écoles laïques et mixtes, dans un pays salopé par les corbeaux de l'Église, on a collectivisé les transports, monté des cantines collectives, et tout ça en faisant la guerre... On a brûlé l'argent dans les rues de Barcelone à l'époque... Tous les jours, on bricolait l'avenir. Le communisme libertaire faisait son chemin... Alors les communistes orthodoxes ont pris peur. Ils se sont alliés aux fascistes, et dans le grand silence des démocraties parlementaires européennes, ils ont passé par les armes les trotskistes du POUM et les anars de la FAI... Orwell a vu tout ça.

Et puis il est monté au front faire son devoir de socialiste révolutionnaire. Et puis il a pris une balle dans la gorge. Ça n'a pas arrangé sa pneumonie. Épuisé, il est revenu à Londres en passant par Paris. Il lui restait, quoi, douze ans à vivre…

Orwell, c'est *1984* et *La Ferme des animaux*. Tout le monde sait ça. Mais faut le relire à la lumière d'*Hommage à la Catalogne*, son plus beau livre. Et ses articles, éparpillés un peu partout. Faut la lire, sa prose à Orwell, quand il fait pas dans la fiction… C'est d'abord un vrai journaliste de terrain. Et vas-y que je te passe à la moulinette la novlangue des politiques ! Vas-y que je montre comment on démolit la culture populaire par la culture médiatique ! Vas-y que j'explique comment les élites en guerre contre le peuple s'ingénient à lui faire perdre le sûr instinct de solidarité pour mieux le laminer ensuite… À la fin, la scoumoune va le rattraper. Et la pneumonie chopée chez les déchards. Et la balle sur le front de l'Espagne libertaire.

Il s'en va soigner ses éponges pourries de tabac au sanatorium, y prend femme, s'extasie sur *La Divine Comédie*, expectore une dernière fois une glaire grasse comme une marennes-oléron, et pouic ! s'en va ainsi tirer sa révérence !… Trois mois ils se sont aimés, elle et lui… Y a vraiment pas de justice… Il avait une tronche à faire un pépé admirable, en velours côtelé, dans un cottage avec des roses en tonnelle, à jouer avec ses petits-enfants sur ses genoux, avec des poules qui picorent autour… Mais non, la Blême l'a pris, cette salope qui se marre toujours…

Moi, je sais pas vous, mais ces fiançailles au milieu des tubards dans les verrières ensoleillées, les infirmières en blouse amidonnée qui passent comme des âmes blanches, silencieuses et bienveillantes, et *L'Enfer* de Dante murmuré d'un filet de voix qui achève de mourir à l'oreille de l'amante, moi, tout ça, ça me fout les larmes et le bourdon, mais putain ce que c'est beau...

Travaux pratiques

Exercice n° 1

Lie connaissance avec des voisins jusqu'à présent inconnus, pourvu qu'ils soient d'extraction modeste et sans aisance financière. Note avec attention les rituels sociaux très élaborés de dons et de contre-dons grâce auxquels s'établissent les travaux d'approche. Tu seras bien attentif aux trois étapes suivantes : 1) savoir donner (des fleurs, des bouteilles, une boîte de chocolat, etc.) ; 2) savoir recevoir (formules de remerciements convenues quoique sincères) ; 3) savoir rendre la pareille (invitation en retour à un apéritif, coup de main au jardin, etc.). Repère bien la dimension qualitative et l'inscription dans la durée des étapes du rituel. Ces pratiques de « décence commune » correspondent à la morale ordinaire dont George Orwell explique qu'elle est le socle inébranlable du vrai socialisme. Enfin, lorsque les voisins sont devenus des amis, offre-leur ce livre.

Exercice n° 2

Feuillette, crayon en main, les pages « culture » d'un quotidien qui se veut de gauche et ayant des prétentions à la critique du capitalisme. Astreins-toi à cette lecture pendant une semaine, quoi qu'il en coûte d'efforts. Dénombre très exactement le nombre de chroniques publiées dans la semaine. Intéresse-toi ensuite au contenu et décompte tous les articles promouvant une esthétisation de la violence ou de la domination. Ajoute les autres articles qui s'attaquent aux principes de la « décence commune » orwellienne, c'est-à-dire d'une part la pudeur, la retenue, les égards, de l'autre la bonté, l'attention bienveillante à autrui, voire la gentillesse. Mets en rapport les deux nombres obtenus et établis un pourcentage. Si le score atteint est supérieur à 50 %, c'est la preuve que la culture dite de gauche travaille à la destruction du socialisme réel, qu'elle s'applique à laminer les dernières brides de culture populaire pour ouvrir ainsi la voie aux valeurs concurrentielles du capitalisme.

Leçon n° 25

Georges Sorel, tout dans les burnes, rien dans les urnes !

Cours théorique

Tiens, un autre, de Georges. Sorel, celui-là, comme Julien. Mais c'est un autre rouge et noir qu'il prise notre Jojo, tu vas voir un peu… Georges Sorel est un brave type, ordinaire. Apparemment. Mais gaffe à l'eau qui dort. Ingénieur des ponts et chaussées dans la France d'avant la guerre de 14, replet dans son petit gilet à rayures de hareng, c'est un petit chauve bedonnant à bacchantes barbichonnées avec montre gousset et un statut de super-chef cantonnier. Et pourtant Sorel, c'est l'archétype même de l'avis de tempête sous l'arrière-chignon. Déjà, ce type – qui aurait pu se choper une rombière du demi-monde, fille d'industriel ou cocotte embourgeoisée du morlingue et assagie du cul – donne toute sa vie à une ouvrière, complètement illettrée, dont il sera raide dingo, à qui il apprendra à lire et à écrire et à qui il dédicacera ses bouquins, quitte à se foutre les deux familles à dos. En plus, la quarantaine installée, il envoie tout péter, cantonnerie, plans du tout-à-l'égout, curetages de caniveaux et nappages de macadam pour se consacrer entièrement à la philosophie. Friedrich Nietzsche, Henri Bergson, dont il boit les paroles au Collège de France ; Joseph Proudhon, Karl Marx et Charles Péguy dont il dévore les pages à belles happées de crocs... C'est là qu'est l'épatant chez Sorel : ce type a passé la moitié de sa vie à expliquer comment paver les rues pour laisser passer les fiacres de la maréchaussée ; et il décide maintenant, à un âge où ses collègues s'installent dans le boursicotage, l'anisette et les petites virées au boxon, de consacrer l'autre moitié de sa vie à l'art et la manière de desceller les mêmes pavés pour les balancer sur la gueule des flics.

Car sous des dehors bonasses, Sorel est un enragé : il crache à la gueule des parlementaires, pisse à la raie des intellectuels de gôche et se torche avec les bulletins de vote de la démocratie. Père tranquille d'allure, c'est pourtant le théoricien du syndicalisme révolutionnaire, l'amoureux de l'émeute, le pacha du charivari social. La preuve en trois mouvements.

Primo, Sorel exècre les utopies politiques. Pour transformer la foule des gueux et des claque-dents en la mer démontée des insurgés sociaux, il ne faut pas un programme chichiteux comme en ont le secret les ergoteux bureaucrates binoclards, fussent-ils même à la gauche du camarade Aspirine. Pour mettre le feu au vieux monde, fi des byzantines arguties d'élus qui coursent à l'assiette au beurre !... Et même, tiens, les intellectuels au service du peuple, stalino-sartriens d'avant-hier, anarcho-cohnbendit d'hier, démocrasso-BHV d'aujourd'hui, Sorel, les eût-il rencontrés que leur ligne du parti, il la leur eût mise dans l'oigne, recta ! et bien profond encore !... En revanche, rien de tel que des images fortes, des mythes, des symboles qui cristallisent des emportements passionnels puissants et profonds. Foutez une croix au revers du costard d'un soudard suédois et le voilà prêt à dézinguer du Sarrasin en pagaille... Promettez soixante-douze salopes à un sagouin muezzin, et il se fait esclaffer la ceinture au milieu des bus de Bataves devant la pyramide de Khéops... Et croyez-vous qu'on leur en a donné un, de programme ?! Peau de nibe ! Le moteur de l'action, c'est le mythe, hier religieux, et qui doit être, aujourd'hui, politique.

Deuzio, Sorel adore la violence. Il lui consacre un bouquin d'ailleurs, *Réflexions sur la violence*, qu'il dédie à sa chérie d'amour de prolotte. Allez pas croire que ça fait du supercantonnier un buveur de sang à la pleine lune. Simplement Sorel a les yeux en face des trous, et il voit ce que tout le monde se cache : dans ce monde où le fric est roi, où banques et grands argentiers mènent le populo à la baguette, c'est partout le règne de la force. Les prolos s'en vont marner au taf sous peine de mort s'ils sont rétifs au turbin, puisque le salaire tombera plus et qu'ils crèveront la gueule ouverte à faire la mangave au coin des rues. Et si les trimardeurs renâclent et jérémiadisent sur leur condition, ils ont droit à la schlague, républicaines compagnies de salopards harnachés en robocop pour marava leur tronche et mater la belle émotion populaire. Dans un monde où les patrons veulent toujours plus de profits en réduisant toujours plus les salaires, dans un monde où les agents Télécom se suicident en masse, où on fait donner la troupe contre les mécontents, la seule loi du genre c'est la force.

Or, dit Sorel, y a deux solutions : soit on courbe l'échine et on attend que ça passe. Mais alors non seulement ça passe pas, mais en plus ça s'installe, et l'échine est si courbée qu'on est bons pour se mordre la queue. Soit on riposte à l'usage de la force qui est institutionnalisé par les bourgeois et leur engeance flicardière, et auquel cas on se montre violents. Alors, comme c'est le seul langage qu'ils entendent, y a moyen d'en finir avec le règne de la force. Mais cette violence, continue le Cantonnier vengeur du prolétariat, il ne faut pas qu'elle soit bordélique, mais organisée, car si c'est la guerre sociale, il faut répondre avec la discipline des armées. Sorel incite à l'émeute sociale, à l'insurrection armée, pourvu que ce soit de la belle ouvrage, que ça soye beau et précis comme une charge de cavalerie. Sous l'émeutier, on sent poindre l'honnête travailleur, amoureux de son métier, qui casse la gueule au flic pourvu que le geste soit aussi soigneux que s'il s'agissait de fraiser une pièce ou raboter une planche.

Troizio : à quoi croyez-vous que sert la démocratie ? « À faire respecter l'État de droit et les libertés fondamentales de la personne », diraient les béni-oui-oui du parlement. C'est pas de la chique, c'est du mollard, maugréerait Sorel... La seule fonction de la démocratie, c'est d'expulser toute possibilité de rétorquer à la force de la bourgeoisie par la violence du peuple. C'est une machine à châtrer l'énergie révolutionnaire. Le processus démocratique est pas politique : il est pathologique... Une maladie de civilisation que c'est, la démocratie parlementaire, un symptôme de la perte de vitalité des travailleurs. Quand un organisme est malade et qu'il capitule devant les forces de mort, il se relâche, perd toute agressivité, toute fureur ou toute colère contre la maladie qui le mine. L'individu démocratique est ainsi, empoisonné malade des miasmes fétides du capitalisme, mais fabriqué à la chaîne pour sucer les glaires et lécher les plaies des lépreux, manger leurs croûtes et dire merci. C'est un petit animal malade socialement en phase terminale qui dorlote sa fièvre et ses escarres. Je sais pas vous, mais moi, l'isoloir m'a toujours fait penser à une pauvre pissotière et si on tire les rideaux, c'est pour s'y livrer en toute intimité à un honteux péché, triste polissage du chinois, veuve poignet. À côté des bulletins de vote, pourquoi ne mettent-ils pas une boîte de Kleenex? Voilà pourquoi, selon Sorel, l'émeute est le seul moyen de reconquérir la grande santé sociale.

Et voilà. Maintenant vous savez pourquoi les démocrates foutent tout dans les urnes. Parce qu'ils ont rien dans les burnes. Faudra s'en souvenir au troisième tour.

Travaux pratiques

Exercice en 10 étapes plus 1 :

1) Milite dans une organisation syndicale et 2) tire-la dans le sens de la pratique de la lutte de classes. 3) Refuse de participer à des organes de collaboration de classe (comité d'entreprise, amicale...) 4) Sépare toujours plus la section d'avec les courants cogestionnaires. 5) Corromps

les directions en infusant dans la base les idées suivantes : les représentants du syndicat doivent être élus par l'assemblée générale, seule instance souveraine et décisionnaire, sur des mandats précis et révocables à tout moment, la rotation des mandats doit être effective. 6) Débarrasse-toi progressivement des pratiques de délégation de pouvoir et exhorte la base à engager des pratiques d'action directe. 7) Fais en sorte que la pratique du rapport de force soit quotidienne, qu'elle délaisse l'urne et qu'elle monte en puissance, de la pétition à la manifestation, de la manifestation à la grève, de la grève à la séquestration des patrons ou des actionnaires. 8) Répands dans des intersyndicales interprofessionnelles l'idée de grève générale. 9) Puis, cet échauffement achevé, passe à l'acte et envisage sérieusement, quoique sereinement, l'insurrection expropriatrice. 10) Après la réquisition populaire des casernes et le positionnement des troupes le long de l'avenue qui mène à l'aéroport et au siège de la télévision, accorde-toi 11) un moment de repos.

Leçon n° 26

Alexandre Jacob, la faucille et le pied-de-biche

Cours théorique

Aussi d'Alexandre Jacob, il faut que je te cause, pour ton édification philosophique, ami lecteur. Alexandre Jacob, c'est ce travailleur de la nuit qui fit sa révolution sans attendre qu'on lui en donne l'ordre, en baluchonnant les curés, les militaires et les bourgeois. On me dira :

« Alexandre Jacob ? Un philosophe ! Il suffit pas de vingt-cinq ans de bagne dont huit au mitard et dix-sept évasions pour devenir un grand penseur... »

J'en suis pas si sûr... Ses lettres à sa mère, faut les lire... Il lui commande Baruch Spinoza, et Nietzsche, et Sénèque... et commence à les lire à l'île du Diable, entre deux épidémies de scorbut, trois évasions et quelques crises de dysenterie. Et voilà le truc : c'est qu'il se forge par ces lectures une mentalité qui le rend capable de tenir bon, inflexible. Il dit comme ça, un jour, au dirlo de la tentiaire, qu'il est un homme de verre, car il n'a rien à cacher et qu'il ne se plie jamais.

Tu vas dire, je passe du coq à l'âne, mais permets que je digresse un chouïa pour t'édifier. Un jour, j'arrive en prison, les mecs étaient fous. Toute la nuit durant un taulard aux reins en compote avait hurlé à l'étage : il demandait une dialyse. Elle tarda. Normalement, il y a une ronde d'étage de nuit et le surveillant en question, quand il entend gueuler comme un putois, va au judas. Mais là, c'était le soir de la Coupe du monde de foot. La ronde tarda. Ses hurlements étaient couverts par les beuglements des supporters dans les autres cellules et les matons avaient un peu oublié la ronde de nuit en raison de la séquence des tirs au but. Le type est mort comme ça. Le matin, je récupère ses voisins de cellule. Ils sont fous de haine et d'impuissance. Ils veulent tuer un maton. Le premier qui passe. Ils me disent qu'ils veulent bien faire de la philo avec moi, à condition que ça puisse leur être utile, ici et maintenant, alors que dehors, on entend manœuvrer l'ambulance du CHU qui récupère le cadavre... Je me suis souvenu d'Alexandre Jacob qui recevait les bouquins de Spinoza et des stoïciens romains dans les bagnes de Guyane, dans l'enfer vert. J'ai dégluti et j'ai commencé mon cours...

Mais c'est tout moi, ça, je m'égare, je m'égare... Toujours mes petites histoires...

Donc, Jacob, au tribunal, a pas froid aux châsses. Il se défend comme un beau de l'île du Diable. Et il suit la méthode à maître Vergès avec soixante ans d'avance. Il refuse d'être traité comme un vulgaire voleur, un droit co ordinaire, et engage une stratégie de rupture. Il déplace le combat sur le terrain politique. Parce qu'il baluchonne politique, lui, Alexandre. Il a vite pigé les leçons de Proudhon pour qui la propriété, c'est le mal. L'ordre social est tout entier aux mains des voleurs qui inventent des lois pour commettre leurs forfaits en toute impunité avec la protection de la police. Les riches propriétaires ont tous bâti leur fortune en obligeant les prolos à charbonner. Et ces derniers, bonnes poires, sont menacés de claper du bec s'ils ne veulent pas marner pour les richards. Les voilà contraints à produire une richesse considérable en échange de quoi ils sont payés juste assez pour survivre jusqu'à la prochaine embauche. L'écart de bénef, il va dans les fouilles à tous ces rupins qu'Alexandre Jacob s'est décidé à grinchir. Car pour lui, pas question d'être volé. Et pas question d'attendre la révolution pour ne plus l'être. Alors il fait sa révolution à lui tout seul. Il vole. Toujours rien que des coupables de l'ordre social. Le voleur a une éthique.

Un jour, il grinche une chambrée bourgeoise. Le lendemain, il apprend – horreur ! – qu'il vient de dévaliser Pierre Loti. Or Jacob tient en trop haute estime le monde des lettres. La nuit suivante, il remonte à la gouttière, restitue la joncaille et dépose une grosse gerbe de fleurs sur le paddock (car il connaît les goûts de Loti, très prout prout et plutôt bas de soie sur mollet de cycliste)... À quoi peut bien servir tout cet artiche ? Jacob ne boit pas, mange peu. On ne lui connaît aucun vice. Alors, à quoi ? À servir la cause. À encourager la presse libre, en particulier le journal *Le Libertaire*. Et aussi à acheter des coffiots dernier cri pour en étudier les serrures et voir comment les faire bâiller. Plus qu'un métier, on te dit, une passion...

À soixante-dix piges sonnantes, Jacob tombe raide dingue d'une beauté qui en a vingt-cinq. Elle, de son côté, succombe absolument au charme du vieux monte-en-l'air. Mais il ne veut pas qu'elle assiste à la déchéance d'un vieillard qui fera sous lui. Alors il lui offre un an de sa vie, l'année 54, où ils s'aimeront absolument. L'année passe, incroyablement belle. Jusqu'à huit lettres d'amour par jour. Ensuite, au bout d'un an, jour pour jour, il vide son compte postal, et avec les sous, il offre à tous les garnements du village un énorme gâteau au chocolat. Ensuite, il lave son linge, essaye de le plier mais la tête lui tourne un peu. Il a la cosse. Alors il l'abandonne dans la panière et s'en excuse dans une lettre qu'il laisse sur la table de la cuisine. Il met deux bouteilles de rosé au frais pour ceux qui viendront *après*. Comme le frigo est ouvert, il en profite pour sortir la seringue. Il pique son très vieux chien, Négro. Puis il nettoie l'aiguille, recharge la pompe. Et remonte sa manche…

Travaux pratiques

Attendu que le vol est puni (art. 311-3 et suivants) de trois ans d'emprisonnement et de 45 000 euros d'amende, l'auteur ne peut pas faire autre chose que fermement décourager son lectorat à suivre la pente criminelle d'Alexandre Jacob. De même, il l'exhorte à ne pas copier sa conduite sur celle de Charlie Bauer qui a écopé de prison pour avoir attaqué des trains et des magasins de luxe, dans la France des années soixante, non pour en jouir lui-même, mais pour redistribuer les marchandises dans les quartiers les plus déshérités de Marseille. Également, il le prie instamment de ne pas suivre la prise au tas défendue par Kropotkine, au nom de laquelle le travailleur pourrait exercer son droit à la « réappropriation individuelle », grâce à quoi il se sert sans avoir à payer dans les marchandises dont il est le producteur. De même, il l'invite du fond du cœur à ne pas suivre les militants de la Gauche prolétarienne qui, il y a quelques décennies, avaient pillé le magasin Fauchon pour offrir au prolétariat ce luxe duquel il était injustement exclu. Enfin, il repousse le plus fermement du monde l'attitude des premiers *Black Blocks* de Seattle qui dévalisèrent des magasins de surplus militaires de leurs masques à gaz pour les redistribuer ensuite aux militants, lesquels repoussèrent ainsi les troupes armées au service du gouvernement et parvinrent victorieusement à tenir les barricades érigées en pleine ville pendant près de deux jours.

Leçon n° 27

Guy Debord et le comique de situationnisme

Cours théorique

Guy Debord, aujourd'hui, il est devenu une gargouille bien visible en haut de Notre-Dame. Il est planté tout là-haut, grimé en salamandre infernale, avec des cornes et des crocs partout, tout ce qu'il faut d'œil noir, de serres très horrifiques, en surplomb d'Aparouart la grant mathegaudie. Et quand sa silhouette se découpe sur le ciel sanglant du coucher, petits péteux et grands lettrés, post-situs et néolettristes viennent baiser son ombre sur le parvis de la cathédrale… Alors des prophètes aux yeux rougis par les veilles devant des écrans déboulent soudain des venelles voisines. Ils hurlent au sacrilège, fouettent la foule à grands coups de corde à nœuds… « Infamie ! Infamie ! ils braillent… Arrière, mécréants !… On fétichise le Maître !… On l'idolâtre !… On l'iconise !… Le gauchisme de bazar en a fait une gouttière ! un veau d'or !… » Les fidèles adorent. Ils en redemandent. Ils tendent le dos sous la branlée. C'est la queue pour l'étrille !... On se piétine pour avoir droit à l'anathème !... Les fouettés tout baveux font des clins d'œil complices aux caméras... Aujourd'hui, même les critiques du spectacle font partie du spectacle...

Mais moi, je crois que Debord a sculpté lui-même le terrifiant griffon à même la caillasse. Quand il parle en 1988 du spectaculaire *intégré*, il a compris que plus rien n'échappera dorénavant au spectacle. Il sait parfaitement qu'il va finir comme Lénine dans son bocal sur la place Rouge, en petit poisson pané des peuples... Il sait que les charognards vont spectaculariser sa présence pour mieux le rendre absent. Et lui, putain de travailleur du négatif, il va présentifier son absence pour être moins spectacularisable. Alors il va mettre en scène à partir de 1972 un Debord digérable par la société du spectacle, le Debord-gargouille. Et pendant ce temps, le vrai Debord, avec sa conscience critique, il pourra s'échapper et déplacer la ligne de front hors du champ des caméras. C'est le Debord du Parti Absent, le Debord-invisible, celui que je veux te causer un peu cinq minutes.

Exemple du Debord-gargouille qui fait écran devant le Debord-invisible : tout le monde imagine Debord qui hante Paris avec des allures d'amateur des nuits jazzy et underground. Une sorte de contresartre en somme, parigot, Saint-Germain-de-pas-si-près... Penses-tu ! Le gonze dès les années soixante dit adieu au dernier Paname, celui des coquillards et de Villon, du Grand Coësre en sa cour des Miracles, à partir de maintenant ravagé par les promoteurs. Il se casse et joue à cache-cache avec sa légende, en squattant en Toscane, en Espagne, dans le sud de la France, peut-être au Maghreb… Ailleurs… Partout, nulle part. Partisan de la dérive psychogéographique. Faut lire ses *Panégyriques* et ses errances en des lieux qui sont autant de havres alcoolisés et de ports d'attache des bas-fonds parmi les gredins, les voleurs, les macs et les putes, les bandits et tous les mauvais garçons que compte l'Europe de la guerre froide…

Autre exemple de gargouille : Debord critique de l'image. Esclaffade !… Ce mec réalise des films et les construit selon la logique lettriste de l'emprunt et du collage. C'est de la broderie fine, fil blanc sur tulle de coton… Le spectacle, lui, n'a rien à voir avec l'image. C'est un rapport social mis en scène, dans lequel la violence des luttes sociales a disparu.

Et Debord soixante-huitard ? Gargouille ! Gargouille et chimère ! Tu parles, Charles !… Il avait déjà tout mis en place… avant !… Les émeutes de Watts, il les avait pensées dès 65. Sa *Société du spectacle* date de 67. En 68, à Nanterre, quand les Enragés commencent à foutre le waï, c'est sous l'influence des textes déterminants rédigés dans la nébuleuse debordienne. René Riesel sera à Debord ce que Lénine a été à Marx. Lui, en 68, Debord, il peut dormir sur ses deux oreilles. Ça faisait trois ans qu'il plaçait ses pions conceptuels sur l'échiquier de la révolution. Il suffisait ensuite de dérouler le programme.

Et Debord situationniste ? Re-tu parles, Charles ! En 72, il dissout ce qu'il sait être une avant-garde qui n'a plus de fonction historique. En 72 ! Tu te rends compte ?… En 72, Sollers devient mao, Michel Foucault n'est toujours pas au courant que la *Société*... a été écrite ! Et Debord, peinard, a déjà dissous l'orga, et il est loin, à faire du cinéma, à lire les poètes...

Allez, on va pousser le bouchon encore plus loin... C'est quoi, le programme situ ?... Demande autour de toi. Les mecs vont te dire, avec un air farouche, en tirant sur leur roulée et en buvant cul sec du ouiski acheté en bouteille de deux litres à Andorre : « Habiter dans des squats, casser du flic dans des manifs antinucléaires, organiser des épiceries autogérées bio. » Sauf que Debord, après qu'il eut fusillé le situationnisme, traduit un poète-guerrier espagnol du Moyen Âge, relit le cardinal de Retz et Clausewitz, invente un jeu de guerre sur plateau... Debord devient théoricien de la guerre et de la poésie, stratège et littérateur... Pourquoi ça ? Parce qu'en une génération, nous explique Debord, le spectacle a supplanté la vie et il en a effacé toutes les luttes. Pour assurer son empire sans opposition, il a diffusé une langue binaire, calquée sur le modèle informatique. Quiconque utilise cette langue binaire est incapable de construire une pensée discursive et dialectique. Parce que cette langue binaire est presque sans syntaxe, sans connecteur logique complexe, elle est inappropriée à l'art de la nuance, du paradoxe et de la contradiction dont on a besoin pour nommer et bâtir des stratégies qui théorisent la confusion et la progression des troupes au sein d'un combat. Combattre aujourd'hui, c'est briser la langue du spectacle, pour être à même de nommer la réalité dialectique camouflée par le spectacle. Pour pouvoir ensuite y prendre place, positionner ses troupes en embuscade et riposter.

L'action directe aujourd'hui, ça n'est pas passer des armes à la frontière. C'est trop tôt ou trop tard. C'est passer des livres de haut style de main en main, pour affûter le goût, affiner l'excellence du jugement, devenir maîtres des mots qui nomment les assauts et les contournements, les frappes et les retraites, les conquêtes et les victoires… Nous ne savons plus parler. Les mots meurent avant d'accoster à nos lèvres. Nos âmes aujourd'hui sont de cendre. Quel feu nous sortira du cercle ?… Il faut donc apprendre à lire et à écrire, sans cesse, comme on aiguise une lame, comme on répète un enchaînement pieds-poings… Il faut lire ses *Commentaires*… Il faut lire ses *Stances sur la mort de son père* de Jorge Manrique. Il faut lire son style…

Debord : un homme guère fréquentable, même pour les gauchistes. Surtout pour les gauchistes qui aujourd'hui s'en réclament et adorent la gargouille. Ah si seulement Debord nous invitait à dire du mal de la télé, à faire des coups d'éclat retransmis en direct, et à dire du bien de l'ultragauche ! Mais non, ce Debord-là est gargouille, allié objectif du capital depuis 1972. Le vrai Debord, c'est le guerrier-poète qui a bu à tous les bars du monde.

Très embarrassant, Debord… Vous vous rendez compte ? Stratège, alcoolique, nostalgique et poète !

Aujourd'hui, dans le paysage *politique*, cet homme est définitivement *sans situation*.

Travaux pratiques

Exercice nº 1

Sur la psychogéographie.

Reprends l'exercice nº 1 de la leçon nº 12, mais cette fois-ci, attarde-toi dans les débits de boisson et lie contact avec des criminels.

Exercice nº 2

Sur la transformation des centres-villes en unités du spectacle.

Déambule. Dérive. Repère tous les mobiliers urbains dont la fonction spectaculaire est de faire disparaître la présence sociale de l'aliénation capitaliste. À titre de piste, et si tu as du mal, je peux te suggérer la multiplication sur les bancs publics d'une barre latérale de séparation qui interdit aux clochards de pouvoir s'y allonger et rendre ainsi leur misère invisible aux yeux du chaland. Continue de cette belle manière en faisant un relevé topographique de la rue pour ce qu'elle est : le camp retranché du capitalisme, avec ses chicanes, ses miradors et ses barbelés.

Exercice nº 3

Sur le langage binaire du spectacle intégré.

Guette à la télévision une interview d'une personnalité qui sait parler. Concentre ton attention sur le journaliste au plateau. Au-delà de vingt secondes, la main droite du miché se lève, éventuellement armée du symbole phallique qu'est le stylo (alors qu'il n'écrit plus depuis belle lurette). Interruption de séance. Il n'est plus possible à l'invité de déployer de la pensée au-delà de cette limite.

De même, écoute un discours aliéné. Constate que les connecteurs logiques ont presque tous disparu (remplacés par « voilà »). La disparition de la structuration logique du discours et de son organisation syntaxique est la preuve de la ruine des esprits désormais incapables de bâtir des stratégies militaires donc politiques (cf. leçon nº 10). Pas grave. Au moment de l'insurrection armée, on aura toujours besoin de garçons de salle pour le mess des officiers.

Leçon n° 28

Dubuffet,
portrait de l'auteur en artiste guère commode

Cours théorique

Dubuffet est marchand de vin. Il comprend très vite que l'art est mort, mais que l'art contemporain bouge encore. Et comme il refuse de se faire enculturer, il écrit un petit livre furibard juste avant mai 1968, où il explique sa grosse colère. Le musée sert pas à montrer de l'art, il sert à rappeler au populo que l'art n'est pas dans la rue, encore moins dans les cabanons de misère où les gens s'entassent. Il est entreposé dans des réserves spéciales séparées de la vie des gens, loin au-dessus de l'existence ordinaire… As-tu vu la forme et l'allure de toutes ces granges à croûtes ? Au XIXe, on les fabrique sur le modèle du temple antique. Au XXe, on dirait des soucoupes volantes posées dans des jardins à la française. Ça veut tout dire : la culture est entreposée dans des lieux qui ont à voir avec les dieux, les anges ou les puissances extra-terrestres, mais jamais avec les hommes. Au fond, les conservateurs de musée se foutent de savoir ce qu'ils accrochent au mur. Leur obsession à eux, c'est comment faire pour que le populo, en gravissant les marches et en prenant son ticket, soit convaincu qu'il entre dans un monde qui n'est pas celui du quotidien… Le plus simple, c'est d'enfermer la croûte dans de la dorure, derrière un cordon de pourpre. Pourpre et or, ça fait Empire. Manière de faire comprendre que la culture est pas soluble dans la démocratie. C'est la magie de base… Et ça marche. Les bons bougres à la queue leu leu se persuadent en ouvrant grand leurs quinquets que le monde de l'art n'est pas pour eux. Ils marchent à pas comptés, en ayant peur de faire craquer le parquet, ils chuchotent comme à la messe. Et si quelqu'un parle fort ou marche vite, il est aussitôt intercepté par un *gardien*. La fonction de la culture, c'est d'intimider les bonnes gens : sortis du musée, la cervelle en purée, ils n'oseront plus se mettre à l'art et à la fantaisie. Leur imagination sera maintenue dans la stérilité…

Note que c'est bien commode tout ça, parce que tant que leur zizi se rétracte à l'idée de retourner au musée, ils n'oseront pas inventer, faire confiance à leur puissance de création. Le destin qu'on leur impose leur colle à la vie comme la crotte au cul d'un crétin. Ainsi les puissants de ce monde n'ont-ils rien à craindre des peuples qu'ils commandent, tant qu'il y a des journées du patrimoine et des expos temporaires dans les musées de centre-ville.

Tout ça l'agace, le marchand de vin. Alors il confie feuilles, stylos et crayons à des débiles, à des fous, à des taulards, à des gamins, à des tordus, tous des bancroches et des foutraques de l'existence. Ceux-là, il sait qu'ils sont indressables. Le pouvoir les méprise tellement qu'il n'a jamais cherché à les châtrer de leur imagination. Il s'en fout, le pouvoir, du rêve d'une vieille folle qui dessine des fleurs à longueur de journée, d'un pépère qui se tape des rassis en bignant les petites filles et puis d'un coup fait exploser les couleurs dès qu'on lui refile un fond de gouache, d'un ouvrier illettré qui fabrique dans sa cour de ferme des fêtes foraines tout en bouts de machines agricoles et en tas de ferraille. Il s'en fout, le pouvoir, quand des lunaires qui yoyotent de la touffe et galopent aux corneilles bricolent des fusils en bois de toutes les couleurs. Il devrait pas, le pouvoir, parce que c'est eux qui ont la puissance. C'est chez eux qu'il faut puiser les dernières ressources de la création. Pas chez tous les petits marquis qui vivent des subventions ministérielles ou du marché de l'art.

Des gens de culture ont suggéré que Dubuffet avait un peu tiré sur la ficelle avec son art brut, et qu'il y avait, dans sa clique d'artistes du dimanche, des bonzigues qui empruntaient plein de motifs au folklore de leur patelin. Et d'autres, ravagés du ciboulot, qui gribouillaient leurs obsessions sans que ça les rapproche beaucoup de Rembrandt... Mais qu'est-ce que ça fait? Dubuffet est pas critique d'art, faut le rappeler, il est marchand de vin. Peut-être il a monté une carambouille. Peut-être l'art brut est une esbroufe fameuse. C'est pas grave. Aujourd'hui, c'est l'art contemporain tout entier qui est du bluff et de la frime.

Franchement, mon avis, dans l'histoire ? Le grand art de Dubuffet, c'est d'avoir réussi à faire croire à tout le monde que l'art existe encore. Et d'en faire commerce. Ça lui aura toujours payé ses stocks de bordeaux frelaté.

Travaux pratiques

Exercice n° 1

Assiste à une performance. Attends le moment magique où le public est requis pour participer à l'expérimentation artistique (prise de parole « libre », possibilité de tracer des barbouillis avec de la peinture fraîche, d'appuyer sur un interrupteur, de bidouiller d'insignifiantes conneries, etc.). À ce moment précis, demande son attention au public et explique-lui que c'est toi le performeur et/ou l'œuvre d'art. Mets-toi à danser, à chanter, à battre des mains, à dessiner sur les murs. Fous-toi à poil... Toutes ces conneries tellement prisées... Mais refuse qu'on t'interrompe, et traite tes agresseurs de « fascistes » qui n'ont « rien compris » à l'art contemporain. Hurle, au milieu d'une logorrhée, les noms de Malevitch, de Warhol, de Boulez et de John Cage, ça va te faire mousser et les faire bander. Puis, soudain, sans crier gare, arrête tout immédiatement... Incline-toi lentement, cérémonieusement, comme un pianiste au terme de son concerto. Et sors, le plus tranquillement du monde. Sois particulièrement attentif aux regards : à l'expression bovine du public, et à la haine incroyable qui jaillit du regard du performeur qui, cinq minutes plus tôt, voulait

« renverser les habitudes », « déranger », et aller très loin dans la « transgression ».

Exercice n° 2

Assure-toi auprès de la mairie de ta commune que tu es bien en droit de monter un totem de plusieurs mètres de hauteur sans permis de construire. Fais-le.

Exercice n° 3

Ramasse des trucs et des bidules. Fais des machins. Sans cesse et au petit bonheur. N'écoute pas les tristes. Mets des jolies couleurs. Que ça te réveille le matin, ces images-là, comme une fièvre. Que ça hante tes rêves. Oublies-en d'aller bosser.

Leçon n° 29

Toujours Socrate, garçon boucher

Cours théorique

Je les entends rouméguer d'ici, les gens, que ça leur court sur le haricot les adieux à la scène de Socrate. Pire diva, y a pas, à râler d'agonie sur les planches, à rogommer dans sa pituite, à se faire transbahuter dans ses loges... Et là, en lousdoc, il s'y prend un cordial requinquet qui te le remettra d'aplomb jusqu'à la prochaine fausse sortie. Mais là, parole : j'achève. Ensuite, finito, Socrate ! Exit, la pomponette du Péloponnèse ! Aller simple pour l'Hadès, direct ! Ensuite : aux côtés d'Achille et d'Hector en vacances éternelles à barboter sur les rivages du Léthé !... À faire des châteaux de sable avec Sisyphe !... Plus jamais j'en parle ensuite, promis juré !

Mais là, c'est David, mon boucher, qui m'a donné l'idée. Un jour, on était seulabres, lui et moi, dans son bouclard, et je bitonnais, indécis, entre un rumsteck ou alors du à braiser pour faire une gardiane. Personne d'autre que lui et moi.

« Alors, qu'est-ce qu'il prend ? »

David me regarde, ses mains rougies aux ongles courts appuyées à plat sur le billot, la tête enfoncée dans les épaules, les yeux enfoncés dans le crâne. Mais moi : infoutu d'avoir l'inspiration. Désœuvrement culinaire. Faut dire que je sortais de prison où j'avais eu affaire à une mariolle gonzesse qui avait sacagné son bonhomme et l'avait débité dans sa baignoire en cuissots, palerons, jarrets, macreuse et plats de côtes. Toute l'argenterie du ménage y était passée, dans le frénétique découpage des bas morceaux de l'époux. La tueuse avait laissé toutes ses lames dans les articulations du vieux daron et il ne lui restait plus que les petits couteaux en inox pour détailler la viande et couper le long de la fibre. Mais comme sa main était endolorie – des ampoules grosses comme des œufs de caille et la paume en sang – la délicate avait dû finir l'ouvrage à la roulette à pizza... Comment dire ? La rencontre m'avait laissé tout chose, le cœur sur les lèvres et du flagada dans les guiboles. Les images de la baignoire me revenaient par-dessus la vitrine de l'étal de charcuterie : le fromage de tête me pleurait de l'œil ; le pot à terrine m'appelait au secours ; le bloc de tripoux tremblait d'effroi dans sa gelée.

« On n'a pas d'appétit ce midi ? »

J'opinai tristement. Il crut saisir.

« On n'a pas le moral non plus ? »

J'opinai derechef.

« Du jambon, alors ? »

Il m'a murmuré ça à voix douce, en penchant la tête et en me montrant du revers de la main une belle épaule désossée, tendre et rosée comme le cul d'une écolière japonaise après une fessée déculottée.

« C'est doudou le jambon, ça rappelle l'enfance, les coquillettes au beurre, tout ça... Ça fait du bien à l'âme, le jambon... »

David, c'est un peu la Roudinesco des saucisses de Morteau, la Dolto du jambonneau. Y en a des, ils ont pas leur pareil pour guérir par les plantes ; lui, David, il soigne par les viandes. Mais aujourd'hui, ses trésors de psychologie charcutière n'y font rien : j'ai la petite araignée qui fait du vélo au plafond. Alors mon louchebem pousse un grand soupir et secoue sa tête de Savoyard paumada en Camargue. Il bigne des châsses un coup à babord, un coup à tribord et regarde l'heure à la pendule. Treize heures et des prunes. Je comprends l'alluse : je dois l'emmerder, il devait fermer et on n'est plus que nous deux dans la carrée, et mon cafard en plus. Et moi, toujours pas foutu de me décider quel morceau d'animal mort je veux manger. Alors tout soudain, voilà qu'il se met à contourner la banque avec toute la barbaque, les têtes de veau, les steaks, les côtes de taureau, les saucissons, les alouettes sans tête, tout quoi... Il va à la porte, verrouille, et il s'avance vers moi, avec des mines d'ourdisseur de machiavélique complot en s'essuyant ses paluches d'assassin dans son tablier. Du revers de son gros pouce, il me montre l'escalier de fer tortillonné qui s'en monte vers les étages.

« Ça te dirait de faire un tour là-haut ? »

Moi, bien sûr, stressé à bloc, je me rebiffe, parano.

« Eh ça va, hein, on n'est pas mariés ! »

Je me rends compte que comment je suis con c'est à peine croyable, mais mon David hausse les épaules. Il en est pas à son coup d'essai avec moi. Il sait que parfois j'ai la matière grise qui passe au blanc et finit béchamel, rapport au boulot.

« Allez monte. Pour te changer les idées, je vais te montrer un truc que la philo, elle sait pas. »

Pas le temps de répondre que je le suis dans l'escalier avec la drôle de sensation d'un puceau derrière un tapin dans un claque des années Simonin. Sa cotte de mailles de désosseur glingue sous son tablier avec des allures de lamé à paillettes. Arrivé au palier, il souffle un bon coup et ouvre grand les bras.

« Il est pas beau, mon château ? »

J'avise le grandiose panorama. Au fond, l'atelier de découpe avec son marbre et ses couteaux, ses lames et ses feuilles pendues au mur qu'on dirait un salon de thé pour ogre. Derrière, les chambres froides et le séchoir à salaison, avec leur pont-levis en inox.

« Ah ben si, pour sûr qu'il est choucard, je réponds, diplomate.

– Tiens, regarde, je vais ouvrir mon placard à princesses. »

Et il m'ouvre une porte en ferraille maousse. On entre là-dedans au milieu des buées et des frimas. Tout ça empègue le sang froid et le désinfectant. Je frissonne. Les carcasses jaunasse et rouge noir sont pendues à leurs crocs de boucher comme des robes de mariée qui sécheraient après un massacre à la tronçonneuse. David en prend une à bras-le-corps, il la lève comme une plume, et la tient dans ses bras forts pour lui faire passer le seuil de la chambre nuptiale.

« Viens avec moi, ma jolie. »

Je sais plus trop s'il dit ça pour moi ou pour le bout de bidoche qui s'abandonne à son épaule virile et dégorge un jus poisseux contre sa cuisse. En tout cas on sort, et d'un revers de pompe, il claque la lourde.

« Demi-carcasse habillée de porc. Prête à l'usage. Éviscérée, fendue, décapitée et débarrassée de ses poils… »

Il me coule un regard égrillard :

« Bon plan, si t'aimes les gonzesses qui perdent la tête et qui s'épilent. »

J'ai à peine le temps de m'éponger le front et de me demander ce que je fous là qu'il balance la viande sur le marbre et claque dans ses mains.

« Allez hop, au boulot ! Je vais te montrer comment on désosse cette demoiselle. Ça va te changer de Socrate. »

Il me prend des faiblesses, mais je voudrais pas contrarier un boucher alors que je suis enfermé à double tour dans sa tanière et seul devant sa table de dissection. D'autant plus que Socrate, j'en sors, vu que je l'ai trituré avec ma tueuse et toute une fine équipe du quartier femmes. Adil m'avait sélectionné une demi-douzaine de dames, toutes bien mises de leur personne, girondes et absolument croquignolles, mais toutes zigouilleuses de leur moitié. Je leur avais fait justement un brin de philosophie, à mes assassines. Alors lui, David, avec ses airs de vrai travailleur qui veut en apprendre à l'intello binoclard connaissant rien à la vie, il commençait à me foutre à ressaut.

« Eh ben tu crois pas si bien dire. Socrate, il en parle des bouchers. Des bouchers sacrificateurs même. Il dit qu'entre les philosophes et eux, y a pas de différences. »

David fronce des sourcils.

« *Bouchers sacrificateurs*, c'est quoi ce merdier ?

– Ceux qui sacrifient les animaux pour les dieux. Socrate pense qu'ils font un travail comparable à celui des philosophes. »

Soupçonneux et vaguement courroucé, mon louchebem dégaine une lame qui commencerait aisément à mon nombril pour finir à mes vertèbres.

« Tu veux dire que tes philosophes ils font de la viande halal ?...

– Non mais chez les Grecs, le culte rendu aux dieux nécessite que...

– Conneries. Moi, je fais dans le cochon et j'emmerde les curés. Capitche ? »

La conversation est close.

« Bon regarde... D'abord je pare la viande. Faut la faire belle pour ce qui l'attend. »

Penché sur le cadavre, David retire les caillots de sang et la viande souillée à hauteur de la gorge et de la moelle épinière. Puis il se redresse, va vers les pattes, s'immobilise une demi-seconde, et pour chaque pied, d'un arc de cercle impeccable, il fait le tour en un seul coup net. Le couteau rentre là-dedans sans bruit et sans forcer. Il se recule pour apprécier son ouvrage.

« T'as vu si c'est pas de l'art ? Je trace bien proprement les pieds, les jarrets, les jambons.

– T'as pas coupé l'os ? »

Il fait une moue de dégoût et me montre son eustache.

« Avec ça ? »

Il prend alors une scie, me la secoue sous le nez.

« J'ai ouvert le chemin au couteau, mais l'os je me le réserve à la scie. Qui dit os dit scie, mon pote. Jamais la scie attaque la viande, ça serait dégoûtant, toute cette belle chair déchirée. Moi je dis : en toute chose, du respect. Et faut pas tuer ce qui est déjà mort. »

David donne des coups de scie, par-ci par-là, dans les saignées qu'il a faites auparavant.

« Moi, je respecte pas les tâcherons qui font la découpe à la parisienne. C'est des sagouins malpropres... Je suis école périgourdine, moi. Aristocratie de la cochonnaille... Surtout pour la coquille...

– Périgourdine ?... Je croyais que t'étais savoyard ? »

Les pieds volent dans la daubière en fer-blanc. Ils seront désergotés, cuits et panés. Les jarrets les rejoignent.

« Et toi, t'es peut-être grec, des fois ?

– Ça a rien à voir.

– Ben si. Tu fais de la philo en Camargue, où tu t'es installé alors que t'es bourguignon, et que la philo c'est grec. Pas vrai ? Eh ben moi, la viande, c'est pareil : le cochon, c'est périgourdin, et moi, je suis savoyard, donc pas question de passer pour un Parisien question charcuterie, surtout ici, à côté de Nîmes. Capitche ? »

Imparable. Je capitule donc. Mais mon David est aussi fort logicien que fin diplomate. Il doit se rendre compte qu'il est en train de m'enfoncer dans les cordes à la deuxième reprise. Il était parti pour me remonter le moral, et il est en train de me le faire descendre dans les chaussettes. Psychologue, il se campe contre la table d'opération en me fixant dans les yeux par en dessous.

« Mais sérieux, ton Socrate là, il se la pète boucher de la Villette ?

– Pas exactement, en fait. Mais dans le *Phèdre*, il explique que c'est la même méthode… Entre une pensée qui procède par étapes, de définition en définition, et une découpe de viande qui passe d'os en os…

– Et pourquoi il faut… découper dans les idées comme ça ?

– Pour passer du simple au multiple. »

Je vois la pupille de ses yeux se resserrer. C'est le début d'une belle concentration, ou d'une belle colère. Des fois, penser vexe. J'essaye de clarifier :

« En fait, Platon, l'auteur du texte, fait parler Socrate. Peut-être que c'est pas les idées à Socrate. En tout cas, c'est les idées à Platon. Et Platon croit dur comme fer que le monde est fait de tas de choses complexes, confuses qui s'emmêlent les unes les autres. Mais le philosophe est capable de repérer, au-delà de cette multiplicité délirante, des choses qui sont permanentes.

– Par exemple ?

– Eh ben, toi, David, t'as beaucoup changé depuis que t'étais môme. »

Il se marre.

« Tu m'étonnes, je voulais être champion de bobsleigh, quand j'étais môme, aux Eyzies. Enquiller des tunnels de glace. À fond de boîte, comme le métro aux heures de pointe. »

Je pense aux Eyzies dans le métro, mais je fais profil bas et je claque ma pine.

« T'as beaucoup changé, on est d'accord, et pas que dans ta tête. Dans ton corps aussi. »

David se rembrunit. Je suppose qu'il pense à sa sangle abdominale qui se relâche et à son teint qui se pivoine depuis qu'il suit un régime hyperprotéiné. J'essaye pourtant de pas blesser, car ici, je redoute la loi du talion, vu qu'il est du côté du manche et moi du côté du pointu. Je reprends doucement.

« Non mais ce que je veux dire, c'est que tu changes tout le temps. T'es jamais le même.

– On est bien d'accord. Moi, c'est sûr que j'ai beaucoup changé. Avant j'étais dur, je me rendais pas compte. Maintenant, c'est peut-être l'âge, je sais pas, un rien me fait chialer. Et nous, les bonshommes, quand on change, les femmes, elles comprennent pas. Qu'on devienne plus sensibles, elles croient qu'on n'est plus nous-mêmes... C'est sûr que j'ai complètement changé. »

Il a dit ça avec un poil de trémolos étouffés. Je sens la nostalgie l'étreindre. Je m'étais laissé dire qu'il avait tourné dans une bande de Hells du temps de sa prime jeunesse. Serait-il passé, insensiblement, des radasses à bikers au premier prix de violon ? Je profite de sa faiblesse pour l'enfoncer un chouille.

« Ah je t'arrête tout de suite... Tu peux pas dire : "J'ai complètement changé." Si t'as complètement changé, tu peux pas dire que "j"'ai complètement changé. Parce que ton fameux "je", lui non plus, il a pas échappé au changement. Et donc, lui aussi, il est plus le même. Emporté dans le grand tourbillon des métamorphoses, avec tes poignées d'amour et tes élans sentimentaux !... Exit la certitude d'un "je" qui existe !... Tout bouge, mon pote, dans ta vie, même celui dont tu restes persuadé qu'il continue d'exister, comme un point fixe, ferme, une bitte d'amarrage.

– Tu veux dire que je suis pas une bitte d'amarrage ?! »

David le savait déjà, mais il ne s'attendait pas à ce que la philo le lui rappelle.

« Ou alors, si t'es une bitte, t'es une bitte qui dérive au gré des tempêtes. Une bitte sans son quai. Une bitte qui fait le bouchon au fil de l'onde.

– Je suis une bitte qui fait le bouchon… »

Il a murmuré ça du bout des lèvres. La métaphysique fait sombrer mon louchebem dans des abîmes de perplexité. Mais je crains d'être un peu trop conceptuel. Ou barré. Alors je ressers un peu l'argument.

« Écoute-moi bien, tu peux pas à la fois durer, être le même, et changer tout le temps. Si tu changes tout le temps, tu peux pas affirmer l'existence d'un "moi". Si ton moi, il change tout le temps, tu peux pas dire qu'il existe. Ton "moi", mon vieux David, c'est du pipeau. »

Une bitte, un bouchon et maintenant un pipeau. Mon vieux David en a pris un coup dans l'aile. Je l'achève d'un subtil chien de sa chienne :

« C'est dur de se savoir une bitte à la dérive, hein ? »

Scotché qu'il est, l'ami charcutier. Renvoyé dans ses vingt-deux. Il bée de la gargue comme pour chercher l'air. À peine si je le laisse contempler les trente-six chandelles que je le finis d'un maousse uppercut mental :

« Si seulement t'étais philosophe, t'arriverais à trouver, derrière tout ce qui change dans ta vie, ce qui dure et qui est vraiment toi. Comme un boucher sacrificateur qu'arrive à trouver l'os, solide et qui dure, sous la viande, molle et qui pourrit. »

Ébranlé qu'il est, mon David, le regard sur le carrelage au sol. Quelques secondes meurent dans le grand laboratoire aux odeurs de charogne et de Javel. Puis, dans le grand silence, il reprend son poignard, comme un somnambule. De la main gauche, il pose trois doigts sur la carcasse. Tentant la déconne pour détendre l'atmosphère, je hasarde :

« Tu regardes si elle a encore du pouls ? »

Il claque de la langue en secouant la tête de dépit.

« À trois doigts du quasi, c'est là que tout commence. Je cherche l'origine du jambon. »

Il a annoncé ça à voix basse, comme pour m'enseigner la preuve de l'existence de Dieu par l'argument ontologique de saint Anselme. Et d'un seul coup d'un seul, il sort de sa palpation méditative et trace le jambon arrière, fendant la peau de la pointe de son couteau comme s'il traçait une esquisse au crayon. Il dessine ensuite un cercle parfait autour de la queue. Il s'arrête un instant. On dirait un maître de calligraphie chinoise, sauf que son encre est du sang de cochon. Ensuite il pose la lame, et va chercher le filet avec son doigt, le sort à demi, rien qu'à la main, reprend sa scie qu'il entre soigneusement dans les cicatrices qu'il vient d'ouvrir, et débite la queue, la noix et le cul du filet.

« Va m'accrocher ça sur le chariot à dents de loup, s'il te plaît. »

Je sens mon David encore groggy, soucieux de se savoir bitte à la dérive. Alors je m'exécute, contemplant d'un air navré les auréoles de sang de porc qui viennent de marquer ma chemise blanche. Je redoute un contrôle routier des pandores, et mes explications confuses comme quoi je sors de prison. David, lui, s'en fout, des taches et des peaux de vache. L'histoire du *Phèdre* le travaille.

« Mais pourquoi que ton Platon, il dit que c'est un

boucher “sacrificateur” ? Y a pas besoin de faire des sacrifices aux dieux pour comprendre ça. »

Aïe, je me doutais qu’on allait en arriver là. C’est le truc qui m’emmerde mais il faut bien l’aborder.

« Ben... Si tu veux, Platon quand il cherche l’os sous la viande, quand il cherche ce qui dure dans la vie, alors que rien ne dure, alors que tout passe et que tout lasse, il dit que ce sont des... des idées éternelles. »

David interrompt sa découpe.

« Des idées éternelles ? Qu’est-ce que c’est que ce merdier ? »

Je continue, un peu désolé quand même, mais bon, faut édifier les masses.

« Par exemple, toi, le seul truc qui dure, en toi, et qui demeurera à tout jamais, égal à lui-même, c’est ton... âme. »

Silence. Il est treize heures trente, nous sommes dans un laboratoire de découpe de boucherie, et je viens de démontrer à mon charcutier qu’il a une âme.

Il éclate d’un rire pantagruélique.

« Une âme ?! Qu’est-ce que c’est que cette connerie ?! »

Il attrape à pleine main le filet mignon qu’il vient de sortir, tout mou, tout plein de sang et me le carre sous le pif.

« Putain, mon pote, ça fait vingt-cinq piges que je fais ce métier, et jamais, jamais j’ai vu le quart du poil de cul d’une âme sous la lame de mon couteau ! »

Il éclate de rire encore une fois et secoue sa bonne grosse tête de tueur. En essuyant une larme qui vient au bord de l’œil, il se tartine d’une jolie peinture de guerre apache.

« Une âme… Et mon cul, c'est du bâtonnet de colin ? Ah décidément, les philosophes, vous êtes vraiment des cons… »

Il vient de tracer à la pointe de son schlass une ligne parfaitement droite tout le long des côtes du cadavre de la truie, puis il se penche sur elle, avec des délicatesses de danseur de tango, l'enserre à la taille de son bras gauche. L'analogie s'arrête là, car de la droite, il prend la scie et dessine le sillage. Les dents de l'outil mordent l'os des côtes avec un boucan sinistre. Mais David est maître de son geste. Dans son corps à corps avec la truie, il la colle contre ses hanches, l'arc-boute sous sa lame, fait péter tous les os, mais n'entame aucune partie charnue. Puis il repose la bête qui, si elle était vivante, serait devenue toute pantelante et amoureuse.

« Maintenant, tais-toi, et regarde. »

D'une pichenette de l'ongle, comme pour s'échauffer, il fait sauter le fil gris de la moelle épinière. Il découpe ensuite la poitrine en passant sous le plat de côtes, contourne aussi soigneusement l'épaule.

La poitrine est maintenant séparée de la longe, il en retire les morceaux maigres qui constitueront le travers, puis fait courir ses doigts le long des côtes, les yeux dans le vague. J'essaye d'envoyer une vanne nouvelle pour me rattraper de celle sur le pouls, mais David m'interrompt d'une crispation de mâchoire.

« Silence. Je lis la viande. »

Il continue de faire courir ses doigts rougis, tout empressé à trouver le cœur absent. Puis son index trapu pointe une zone et m'informe, militaire :

« Le costillon. Aux lentilles, tu les fais, avec le jarret. Oignons, clous de girofle, carottes, verre de blanc, tout le merdier... De la moutarde à délayer, à la fin, quand tu rédimes à la farine... Pas oublier, hein ?... »

Schlick ! Schlack ! En deux coups de lame, il remonte à l'assaut de la barbaque éventrée, et fait sauter le plat de côtes. Le couteau danse, retire le restant de mouille et le gras plein de couenne, détaille enfin le carré. Il me le montre.

« Comme Louise Brooks !... Truc de filles, le carré... Sauge, miel, herbe de perlimpinpin, ail rose... Elles croient bouffer maigre parce que ça sent la garrigue, et elles s'en foutent jusque-là... Minceur mon cul... »

Et il le balance dans une daubière.

Ensuite, il marque à la main l'arrondi de l'épaule. Il modèle un sillon, qui devient bientôt une gorge, la pétrit, l'enfle et la creuse, magnifie ses formes. On dirait un démiurge patouillant la glaise pour en sortir un homoncule. Il pousse, presse, sue, enveloppe d'attention la viande avec ses mains épaisses, la triture et la magnétise. Soudain je comprends ce à quoi j'assiste... David accouche le jambon. Le couteau finit le travail mais la pointe de l'ongle aurait pu suffire, et miracle, l'épaule est levée et séparée en douceur de la bardière. C'est un gros et gras enfant qui vient de naître. Bon... un enfant un peu obèse et un peu Peau-Rouge, mais David a des délicatesses de père avec lui.

« C'est la coquille, il m'explique en collant contre son cœur, l'œil humide, le futur jambon d'épaule. Ça me rappelle les culs noirs du Périgord. »

Il pose le gros bébé dans un plat et se gratte le menton.

« Ton truc, là, soi-disant qu'il y a des âmes, des idées éternelles sous la viande, c'est pour ça qu'il dit boucher sacrificateur ? C'est un peu de la religion, quand même, ta philosophie.

– En fait, pour les Grecs, y a un seul mot pour dire trois métiers. *Mageiros*.

– *Mageiros* ?

– Oui. Ça veut dire boucher sacrificateur, mais aussi charcutier et rôtisseur. »

David est tout pensif et il s'en va à la chambre froide. Le temps d'un aller-retour et il revient avec une boutanche de blanc bien frappée et un saucisson à l'ail qu'il débite à même la table de dissection. Le ringlinglin qu'il nous sert agace l'arrière-bouche mais au moins il nous dessale. Il reprend, hésitant.

« Mais pourquoi tu dis pas simplement charcutier alors, à la place de sacrificateur ?

– Ben c'est la tradition dans les traductions, depuis des siècles. »

Je vois son œil pétiller. Il nous remet la petite sœur. Le à-l'ail est pas dégueulasse. Bien ferme comme je l'aime, avec des bouts qui craquent presque, dedans.

« Et qui c'est qui les fait, les traductions, depuis des siècles ? C'est pas les moines et les curés ? C'est pour ça qu'ils ont raconté des conneries comme ça, rapport au sacrifice, à l'âme et tout le merdier ?... Si c'était des charcutiers qu'avaient traduit, fais-moi confiance que ça aurait été autre chose, ta philo tête de veau. »

Je suis pas en désaccord, mais je nuance, quand même :

« Pas faux. Mais quel rapport tu ferais, toi, entre le boulot du charcutier et celui du philosophe ? »

Il assèche son guindal et claque du bec.

« Faut qu'on réfléchisse à tout ça. Mais pas en cale sèche. Et puis, elle nous attend. »

Et hop, il nous ressert son salpêtre et il s'attaque maintenant à la longe. De son poing gauche, il appuie et pousse doucement sur les vertèbres en grognant. La colonne s'ouvre et se détache doucement du torse de la bête, offrant à l'œil un gras blanc et doux, mousseux comme des œufs montés en neige. Il y pose à peine la pointe de sa lame. Elle court sur cette crème comme un pinceau d'artiste. C'est à peine s'il tient le manche, David, entre deux doigts. Il caresse l'intimité bidochière, suggère la coupure plus qu'il ne la commet. Ce n'est plus de la découpe de boucherie, c'est de la métaphore, de l'évocation, une tendresse... Du sang aux nuées... Le couteau contourne et sort la palette, trace le charnu. David se redresse, liche son fond de godet et grignote une rondelle de siflard. Puis il me montre un fin trait blanc dans la barbaque :

« Tu feras gaffe, entre l'échine et la palette, y a un fil gras. T'as qu'à le suivre. »

Il sort l'espèce de bouzine qu'il file au train. La viande se découpe que c'en est merveille. On peut même pas dire qu'elle se découpe. Les bouts tombent d'eux-mêmes. C'est comme si David indiquait de la pointe de son couteau aux morceaux qu'ils peuvent sauter tout seuls dans les daubières. À côté des plats débordant de viandes, les parures des morceaux font des jolis petits tas blancs, rouges des différentes qualités de viandes, jaunes du gras dur et de la couenne, et toutes les nuances du rose au grisé de la mouille, bien grasse, qu'il a détachée de dessous la poitrine. Puis revenant à la couenne sur le haut de la truie, il sépare la bardière avec la même légèreté. La couenne se défait de la longe presque sans forcer. La lame se hasarde à la frontière pour s'assurer que rien ne colle, mais le bon gras blanc et moelleux se retire à son arrivée, presque avec révérence. Il laisse à peine de la levure sur le lard. David se redresse et soupire, en s'essuyant le front.

« Actuellement, les cochons sont tellement sécos que c'est de plus en plus difficile de trouver la limite entre le lard et la longe. »

La bête est débitée, départie en tas, daubières, chariots, plats et crochets. Alors il sort deux tabourets en métal sous la table de dissection. On s'assoit, chacun d'un côté du cadavre de la truie débitée. Il nous ressert un canon et découpe quelques tranches de à-l'ail. Sous la lumière blanche des néons, il paraît las, fatigué.

« Tu sais, quand j'ai commencé ce boulot comme apprenti, j'avais honte. À seize ans, toi, va draguer les gonzesses et balader tes paluches sous leurs roupanes quand tout le monde sait que tu débites des porcs et que tu fais du boudin avec. Les copains mécanos, au moins, leurs mains étaient sales de cambouis, mais l'huile de vidange, ça sent son circuit Formule 1, ses *burns* à faire fondre les pneus et à laisser les jantes sur les parkings de boîte de nuit le samedi soir… Que moi, la saleté de mes mains, c'était le résiné… Des heures, je passais sous la douche bouillante à me les frictionner les paluches… Et l'odeur. Le sang me reste après le boulot, et il me plane autour comme le fantôme des bêtes. C'est un brouillard de mort qui me précède. Je te jure que les gens le sentent… Et à seize ans, quand tu saignes ton premier cochon, quand tu ramasses les seaux de sang, à quoi tu crois que tu penses ? Comment que tu te vois, quand tu travailles avec la mort, avec les cadavres... Tu le sais, toi, que les bouchers, ils étaient les bourreaux, dans l'ancien temps ?... Et tu crois pas qu'on se le dit, ça, tous les jours quand on commence le métier ?... Le plus dur, dans le métier, tu sais c'est quoi ?

– Non... L'anatomie ?

– Penses-tu ! C'est pas d'apprendre à débiter la viande qu'est difficile. C'est d'arrêter de gamberger. Au début, quand tu découpes, t'arrêtes pas de te voir en assassin, en charognard. T'arrêtes pas de voir la viande, les couteaux, la souffrance, la mort, le sang... Et plus tu gamberges, plus tu t'écoutes gamberger, moins t'es dans le geste. Tu sais à quoi on reconnaît un mauvais boucher ?

– Vas-y.

– C'est qu'il use ses couteaux. Il tape dans l'os. Il suit pas la ligne de viande. Il est nerveux. Il gamberge. Par contre, quand enfin t'arrêtes de penser à ce que tu fais, t'es vraiment dans ton geste... Comment je te dirais, moi ?... Quand tu cesses le dialogue intérieur... T'es pas à l'extérieur de ton geste, t'es vraiment tout entier dedans... Tu comprends ça ?

– Je crois que je comprends. »

Je crois surtout que je comprends que David est en train de me faire un cours de taoïsme zen sans le savoir. Ne plus penser, faire corps avec soi. Être absolument dans le geste, au moment où on l'accomplit.

« Tu vois, la catastrophe, dans la boucherie, c'est quand le boucher est en train de se regarder et de se juger. C'est ça qu'il fait l'apprenti, c'est pourquoi ses gestes sont merdiques, qu'il ripe la lame sur l'os et use ses couteaux. Le truc, c'est… Comment que je te dirais?… Ne plus penser, ne plus être séparé de la vie. C'est ça, la philosophie charcutière. Faire corps avec le corps, même mort. »

Ça lui est sorti comme un pet sur une toile cirée. Je viens de me prendre dans la gueule une nouvelle interprétation du platonisme, qui le sort de son carcan transcendantal et le réconcilie avec l'immanence des sagesses orientales.

Il claque alors ses maousses paluches sur ses cuisses et se relève en grognant.

« Allez, un dernier pour la route, mon pote, histoire d'étrangler le laitier. »

Et il vide la bouteille en faisant mine d'étouffer le col. Déjà, les étiquettes me chauffent un peu avec le picpoul, et puis sa dernière saillie philosophique m'a foutu un peu la tête à l'envers. Alors David, massif, hilare, boucher néoplatonicien tendance charcutier taoïste zen m'envoie une bourrade dans l'épaule. Il tape son glass contre le mien et il me demande :

« Alors mon pote, qui c'est qui se sent un peu bitte à la dérive maintenant? »

Travaux pratiques

Exercice n° 1

Inscris-toi à un club de tir à l'arc zen. Éteins les lumières dans le gymnase. Encoche une flèche dans la pénombre.

Ne cherche pas à atteindre la cible. Renonce à vouloir. Lorsque tu y es parvenu, ne cherche plus à ne plus chercher à atteindre la cible ; et arrête un peu de vouloir ne plus vouloir, ça devient agaçant à la fin. Décoche ta flèche. Rallume la lumière. Téléphone au 18.

Exercice n° 2

Et arrête d'être végétarien. Ça aussi c'est agaçant, toutes ces sagesses pour ménopausées qui boivent du thé vert et s'habillent en lin, qui veulent aimer le monde pourvu qu'il soit amour. Mais aimer tout du monde implique d'aimer aussi ses abattoirs.

Leçon n° 30
Foucault, skinhead d'ultragauche

Cours théorique

As-tu souvenir de sa dégaine mortellement stylée, à Foucault, sur les photos d'époque ?… Avec ses petits futals à la Beatles, bien moule-boules, ses sous-pulls ras la glotte, ses lunettes de Starsky et Hutch et sa gueule de skin ? Ah, c'est qu'il savait y faire, l'animal… Et attention, hein, c'est pas qu'un minet qui fait son show… Un jour, il est avec son camarade Deleuze sur une manif, en première ligne, pour s'opposer aux Quartiers de haute sécurité dans les prisons, ces caveaux en béton dans lesquels on emmurait les taulards récalcitrants – à l'époque, Foucault était militant actif au Groupe d'information sur les prisons. Les bourres descendent des paniers à salade et s'ébrouent. Ça sent sa charge. Foucault observe la ligne de schmitts qui commence à bloquer la rue. Il vanne Deleuze. À sa gueule hilare, on pourrait croire qu'il lui propose un truc du genre : « Tu te prends les quinze à droite, moi je me mange les vingt à gauche. » Mais non, c'est encore plus fortiche. Il lui dit, comme ça, avant la charge des CRS. « Eh Gillou ! Tu te prends Freud ? Et moi je me prends Marx ! »

Et ils ont relevé le défi !... Deleuze a fait manger son chapeau à Freud, et à tous les ramollis du chibre pour qui le désir c'est le manque, en écrivant son *Anti-Œdipe*. Et Foucault a puissamment castagné la vision archéo-marxiste du pouvoir dans laquelle on n'arrête pas de patouiller depuis des lustres.

Parce que l'une des grandes trouvailles de Foucault, c'est de ne plus penser le pouvoir comme localisé en un lieu à partir duquel il irradierait. Nous autres, travaillés du bulbe qu'on est par Rousseau et Marx, on reste persuadés qu'il suffit de prendre l'État et d'édicter des lois pour que les robinets de la salle d'eau se mettent à pisser du lait et du miel... En écoutant toutes ces tenaces fadaises, Foucault part d'un grand rire nietzschéen et explique que le pouvoir nous traverse, nous maille, qu'il traverse notre corps, notre sexualité, notre désir, nos mots... Il faut donc engager une microphysique du pouvoir, explique-t-il, pour repérer comment on nous dresse, on nous modèle, et comment nous-mêmes, nous moulons et nous dressons les autres.

Un jour, Gilles Lapouge s'en va interviouver Foucault chez lui. Ce qui va le scotcher, c'est que Michel Foucault bouge tout le temps... Un coup il est sur un coin du canapé, un coup il est de l'autre côté. Et des fois bien assis, et des fois les guiboles tassées sous son cul. Des fois les brandillons croisés comme un boudeur, des fois posés tout le long du canapé... Lapouge sera lent de la comprenette pour piger ce qu'il mettait sur le compte d'une invasion de morbaques. C'est Foucault lui-même qui lui expliquera : parler, c'est prendre le pouvoir. Parler en tant qu'homme, immobile derrière un bureau, c'est accroître plus encore ce pouvoir. Parler en changeant sa position sans cesse, c'est jouer avec ce pouvoir, le varier, non pas y échapper, mais ne pas le fossiliser, et donner à l'auditeur la possibilité de s'insérer dans ce jeu, de jouer lui aussi de son pouvoir, contre, avec, en parallèle... Putain qu'on est loin des talibans du drapeau noir pour qui le pouvoir c'est le mal!... Pour Foucault, nul ne peut échapper aux pouvoirs qui nous traversent et qui nous mettent en relation les uns avec les autres. Et va chercher un opprimé maintenant! Le bon gros Black? Il est agent de sécurité et chien de garde de la marchandise! Le prolo? Il laisse sa femme faire le ménage! Et c'est pareil à l'envers : le chef d'entreprise qui domine ses salariés! Mais qui l'a convaincu, et comment, de claquer tout le fric de l'entreprise pour s'emprisonner dans des bunkers-palaces avec piscine à l'autre bout du monde? Le parlementaire qui décrète des lois! Mais que désire-t-il vraiment? Et qu'est-ce qui désire en lui? Qui désire à travers lui? D'où le vif intérêt de Foucault pour la grève ou l'émeute, qui sont ces moments charmants où les rapports de pouvoir sont redistribués. Ça ne veut pas dire qu'on y échappe. Ça veut dire qu'on peut jouer enfin avec. Il fricote avec la CFDT à l'époque. C'était une centrale libertaire, la CFDT à l'époque... PSU, autogestion, anti-CGT... Quand on voit le résultat aujourd'hui... Va-t'en leur parler d'autogestion et de créativité par l'émeute, toi, aux délégués du personnel...

À la fin, en 84, Foucault fera un tour dans un monastère zen et puis il retournera à l'orée de la pensée grecque. Et il expliquera dans des cours lumineux au Collège de France que la philosophie doit être pratiquée comme une procédure d'autodiscipline au milieu des plans croisés de disciplines, de dressages et de formatages subtils qui nous inventent et nous fabriquent journellement. Le style n'est pas qu'une affaire de mode. C'est l'affaire de toute une vie philosophique.

Ensuite la saloperie de sida le rattrapera.

Toute la technologie des biopouvoirs a pour but de mouler de l'homme, à travers des fines disciplines physiques qui induisent des comportements, des sensations, des savoirs, qui usinent les corps et les âmes. Alors Foucault entreprend une archéologie de ces lignes de force, de ces nœuds de tensions qui fabriquent de l'humain. Il étudie l'école, la sexualité, la caserne, l'usine et l'asile, qui sont toutes des machines subtiles à dresser, à redresser.

On retient la prison, nous autres, parce qu'on aime bien que les philosophes barattent un peu l'eau trouble des latrines de nos démocraties… Le meilleur moyen de savoir la qualité d'un bistro, c'est d'aller voir la tenue de ses chiottes avant de réserver une table. Eh ben, les concepts foucaldiens de microphysique et de biopouvoir sont les ventouses à chiottes de la démocratie.

Travaux pratiques

Exercice n° 1

À l'occasion d'une réunion décisionnelle, quelle qu'elle soit, demande à modifier les positions des participants les uns par rapport aux autres. Déplace les chaises, les configurations des tables, les conditions d'éclairage. Étudie l'incidence sur les rapports de pouvoir au sein de la réunion.

Exercice n° 2

Profite d'une situation de prise de parole démocratique pour t'interroger à voix haute sur celui qui donne la parole, qui la reprend, qui la confisque ou qui l'interdit. Fais remarquer à l'assemblée que ce vocabulaire est guerrier. Ensuite, intéresse-toi tout particulièrement à l'incidence du micro sur les rapports de pouvoir qui se tissent autour de la parole. Le micro ne sert jamais à rendre audible le locuteur : il limite sa gestuelle et entrave sa colonne d'air ; les conditions d'amplification sont souvent exécrables et inutiles au vu de la taille de la salle. La vraie fonction du micro se situe ailleurs : instituer celui qui le possède, le doter d'une autorité qui le libère de l'écoute et l'élève au-dessus du débat, rend difficile, voire impossible le débat, le dialogue et, a fortiori, la contestation.

Demande discrètement alors à un partenaire dans les coulisses de bouziller l'installation électrique. Observe comment la disparition du micro modifie encore les rapports de pouvoir.

Exercice n° 3

Organise une bonne grève des familles, bien sérieuse, et tout, et tout. Démerde-toi pour faire voter l'occupation du lieu de travail. Sois dans l'équipe qui occupe de nuit. Assiste et participe, grâce à la grève et à la nuit, à la métamorphose des rapports sociaux, aux jeux et aux renversements qui ruinent la hiérarchie et la discipline et permettent d'élaborer, à la faveur de la nuit, des combinaisons de domination et de soumission absolument surprenantes et totalement inattendues sur le lieu de travail.

Soigne ensuite ton herpès génital avec des crèmes d'aciclovir 200 mg, cinq fois par jour pendant dix jours.

Leçon n° 31

Serge Livrozet, intellectuel foucaldien, voleur militant

Cours théorique

C'est une photo d'Élie Kagan.

Je crois que c'est devant la centrale de Melun. Déjà, ça chauffait à Toul et à Nancy. Ça a chié des bulles à la prison de Melun dans l'hiver 71-72. Une belle bagarre. Le meneur du bordel, c'est Livrozet. Serge Livrozet. Le lascar chauffe la centrale et réussit à monter une grève chez les travailleurs de la prison. C'est elle qui mettra le feu aux poudres… Intéressant ça, quand on sait que Livrozet, il goûte à la cambriole, il milite à la CNT, il fait 68, il s'en sépare quand ça devient mignon, touchant et plus libertaire qu'anarchiste. Le bonhomme a commencé droit co pour devenir un pur militant révolutionnaire… Au début, il vole pour taper de l'artiche, et brillamment puisqu'il en devient millionnaire. Mais l'expérience est décevante. Elle lui apprend qu'il ne suffit pas d'avoir une vie de riche pour avoir une vie riche. Alors il décide d'une réorientation professionnelle. Dorénavant il volera par conviction politique. Voleur militant. Là, la configuration est autrement plus bandarde... Livrozet se trouve en sandwich entre un contexte social qui le pousse au crime (maman était une honnête commerçante, mais de ses charmes) et des ressources intérieures qui vont le conduire à oser l'incroyable, l'innommable : la sortie hors du registre de la société, de la propriété, de la culpabilité. C'est ça, sans doute, qui nous touche, dans la destinée pégriote, ce mélange d'aliénation et de force de caractère, ce mixte incroyable entre une détermination sociale qui pousse au crime et ce saut terrifique dans la liberté qui conduit à mettre le casque de moto, à armer le chien du flingue et à entrer dans la bijouterie...

Livrozet a pris quatre ans pour *atteinte à la propriété*, si je me souviens bien. Aujourd'hui, pour les mêmes faits, il aurait pris le double, le triple dans certaines juridictions de province. Mais quand même, prendre quatre ans pour atteinte à la propriété... c'est pas une inculpation, c'est une médaille.

Pendant ces quatre années d'incarcération, il s'emmerde. Il écrit à Foucault. Foucault lui répond. Ils deviennent potes. Il est libéré après. Il écrit un bouquin : *De la prison à la révolte*. Foucault va le préfacer en parlant d'une *philosophie du peuple*. Qu'est-ce que ça veut dire, sinon que le peuple, quand il se met à philosopher, il est obligé d'exploser la citoyenneté, le civisme, et envisage sereinement la possibilité illégaliste ? Il a ces mots, Foucault, magnifiques : *L'écriture, apprends-le, c'est notre lieu sacré et c'est notre élément universel. Cesse de vouloir dire à tout prix ce que tu penses. Écris. Écris comme il faut, c'est-à-dire comme nous voulons.* Notre lieu sacré… Pas un mot à retirer. Je m'étais promis, en écrivant cette couillonnade, de faire un minimum de citations. Mais celle-là… Je sais plus par où la prendre tellement elle est le sel et le vin de l'écriture. S'oublier, soi, par l'écriture pour dire ce qu'il est impérieux de dire : cela qui nous dépasse et subjugue et qui pourtant nous réunit dans une volonté commune.

Sans doute la seule politique subversive, c'est l'écriture sans sujet…

D'où vient la force du texte de Livrozet ? De ce qu'il ne psychologise pas ses actes délictueux. Il ne cherche pas à décrire ce qu'il a commis – il s'en branle, il ne bosse pas pour *Détective*. Il s'arrache de la complaisance psychologique, il fout en l'air Lombroso, la criminologie, Vidocq, Alain Bauer ou la réduction de la délinquance à du fait divers, du biologique, du génétique, ou de l'individuel. La dégueulasse criminologie travaille à ratatiner le criminel à des petites affaires de branlettes sous le drap, à des attouchements du tonton, à des enculeries timides au coin du baptistère, à des vengeances de bulletin de salaire… Ah si seulement…

Foucault, quand il préface Livrozet, il a cette élégance de citer Lacenaire. Ou plus exactement, Foucault est incapable de citer Lacenaire, parce que Lacenaire a été censuré par la police de l'Ancien Régime. Or que censure la police ? Surtout pas le personnel !… Les linéaments psychologiques, les *phylums* qui ont poussé Lacenaire à l'irréparable, tout ça est sauvegardé, pieusement épargné... Les scènes de crime, les méchants surinages à coups de tournevis, les flaques de résiné, l'agonie des bignoles, l'estouffade sous l'édredon, la finition main à la hache de bûcheron, tu peux toujours rêver que l'administration va les effacer!... Elle adore exhiber de la viande saignée, du bonhomme réduit en quartiers de bidoche... Elle est toujours complice des tueurs, l'administration, dès qu'elle peut rincer l'œil du populo dans la bassine à boudin... C'est qu'il faut faire peur au bourgeois, assez pour qu'il adore son gendarme... Et puis il faut lui en donner, du crime, pour qu'il s'en repaisse dans son canapé et ses pantoufles, qu'il fasse mouillette dans des crânes éclatés, dans du tartare d'honnêtes gens, juste assez pour qu'il y prenne goût, mais pas trop pour pas qu'il ose...

Or la censure qui saccage Lacenaire ne touche jamais à ce qu'il y a de plus dégueulasse en lui : le tueur. Par contre, elle s'affole du ciseau dès que Lacenaire se désindividualise, se désolidarise de la complaisance avec son destin individuel, et lorsqu'il parvient à désigner l'au-delà du personnel et du « je ». Lorsqu'il parvient à pressentir, à tâtons, dans les vacheries qu'il commet, au-delà du droit co, le droit politique qui affleure et déborde.

L'horreur, pour l'État, n'est pas que se commettent des crimes, mais que les criminels se mettent à les penser.

En 72, le GIP dans lequel milite Foucault se dissout et passe la main au Comité action prison de Livrozet. Ensuite, Livrozet prolonge l'action révolutionnaire en sa suite logique : l'écriture. Peut-être qu'on arrive au bout, là… À un moment, on n'a plus moyen d'avancer comme un piéton… Devant, c'est la mer…

Tous, ils feront pareil. Tous ceux qui étaient suffisamment loin… Ils tombent la chemise et rentrent à la baille, dans la mer d'encre… Charlie Bauer, quand il sort de taule, n'a pas laissé sa rage dedans… Toujours la colère l'habite. Mais il passe des neuf mètres carrés de sa cellule aux plateaux des théâtres. À la fin, il se met à jouer, à écrire aussi… Et Emmanuel Loi, dont je n'ai pas causé autant qu'il eût fallu. Loi, beau mec et grand braqueur, par pureté désirante, lui aussi il laisse tomber tromblons et pétoires pour engager l'écriture. *Les Mains en l'air,* qu'il écrira. Et James Carr. Et Edward Bunker. Et Knobelspiess. Knobelspiess, j'étais môme, à Troyes, je l'ai vu entrer dans une librairie, fendant l'air, poussant les murs tellement c'était sous pression en dedans de lui, fouaillant dans les bouquins épars comme s'il baluchonnait des lingots devant un coffiot éventré… Et Livrozet tout la même chose… Pas de gourance sur la conversion, cher copain lecteur ! Ne te fais pas poisser par les mielleux qui gloseront sur l'amollissement desdits zigotos, leur assagissement, et gna gna gni gna gna gna… Relis plutôt mon baragouin sur Nietzsche, les trois métamorphoses, et l'entrave bien, la soigneuse affure… Tous, tous mes mauvais garçons auraient pu être des pauvres types, à endurer sous l'effort, à suer sous le licol, à faire les chameaux. Mais ils avaient assez de puissance sous le capot pour envoyer valdinguer les castrations et renoncements épiciers. Devinrent donc des lions, tous ces furieux marioles… Mais n'eussent-ils été que lions qu'ils n'eussent bouillonné qu'en zonzon, maronnant aigre, morniflant du maton, jouant des crocs sur leurs chaînes, postillonnant de vive rage contre l'ordre social... Mais finalement, miroir à l'envers, reflet pattes en l'air... Contrefaisant l'ordre... Piteuse et vacharde destinée de celui qui a besoin du flic et du bourgeois pour se définir *contre* eux... Sales mecs, mordant, houspillant, rageurs pitbulls... Très fatales engeances, ça, bons qu'à mordre le cul de l'ancien... Engeances dont a besoin le système. Engeances qui ont besoin du système... Tout ça fait guère du nouveau... Fallait passer à autre chose. Passer à la troisième, de métamorphose. Du chameau au lion, et du lion à l'enfant. Arrêter de bousiller et devenir fort, comme un miston... Donner des nouvelles règles au jeu... Donner du jeu... Jouer et faire jouer...

Et ceux-là alors qui font le grand saut troquent le flingue pour la plume... Fabriquent plus que le monde... Le subvertissent, le minent et le débordent par le baratin babillé... Écrire parce que le monde est étriqué comme un garni de banlieue et qu'on veut pousser les murs, envoyer les horizons à dache... Pessoa écrivait : « La littérature est la preuve que la vie ne suffit pas »...

Aux mecs à l'estomac assez solide pour se tortorer le bricheton du réel mais continuant à la sauter encore, incapables de calmer les crampes, à ceux qui désirent sans fin, à eux tous s'ouvre la grande tablée d'écriture, le festin d'encre et de plume... Elle est peut-être là, la haute et très villonesque destinée de toutes ces épées, de tous ces mecs à la coule, des vrais mauvais garçons... Braqueurs de bibliothèques, pilleurs de mots et vrais faussaires en écriture...

Alors Livrozet troque le pétard contre la plume et s'engage dans la création du journal… comment il s'appelle déjà ? Ah oui ! *Libération* !

Mais, manque de chatte, un mao issu de la grasse bourgeoisie déboule et confisque le truc. C'est le gros Serge. Livrozet, dégoûté, bat en retraite. Y a autre chose à foutre que putifier avec la jet-set de la gauche mao. Il décide de monter un réseau clandestin de soutien aux opposants chiliens, peut-être tape un peu des balourds… D'une imprimerie l'autre…

Mais bon, encore une fois, incorrigible, je m'égare… Tu te souviens, j'étais parti de la photo d'Élie Kagan… Le soir de la photo, ils sont venus en force, du Groupe d'information sur les prisons devant les murs de la prison de Melun. Bientôt, Foucault va improviser une conférence de presse où il lira un texte écrit par les détenus eux-mêmes – Livrozet en écrivain public. L'idée, si je me souviens bien, c'est un clin d'œil à la première Internationale, la vraie, pas celle bouffée par Marx. La bonne, la juteuse, la bakouninienne, dont le mot d'ordre était : « La libération des travailleurs sera l'œuvre des travailleurs eux-mêmes. » Et là, le cénétiste Livrozet, lu par Foucault, ça donne cet immense éclat de rire : « La réinsertion des détenus sera l'œuvre des détenus eux-mêmes. » On l'imagine bien, la réinsertion ! En matinée, assister aux cours de Foucault et Deleuze à Vincennes. L'après-midi, assister à des stages dans les ateliers « banderoles et tracts » animés par les cellules d'ultragauche de la Sorbonne. Et la nuit, avec les mêmes bancs d'imprimerie qui ont fourni les tracts, taper des faux-filets pour acheter des armes à la révolution nicaraguayenne…

Mais je reviens à la photo. À gauche, t'as Deleuze en gabardine, qui se marre, bonasse, parce qu'un flic tout petit arrive pas à le pousser. À droite, t'as Foucault, lui carrément mort de rire. Au fond, à peine éclairé par le flash de Kagan, t'as Sartre, crapaud triste, déjà mangé par l'obscurité. L'« intellectuel total » commence à être totalement ringardisé. On sent qu'il est dépassé par la nouvelle génération de déconneurs. De profil côte à côte, les deux inséparables. Foucault, c'est le skinhead. Deleuze, c'est l'autre, là, avec une truffe de bon chien et une tignasse à mèches complètement Patrick Revelli, celui qui avait donné le ballon du but victorieux à Dominique Rocheteau lors des prolongations du match AS Saint-Étienne-Dynamo Kiev en 1976 à Geoffroy-Guichard. Deleuze et ses ongles qui n'arrêtaient pas de pousser, espèces de tortillons de corne effrayants qu'il se laissait pousser comme ça, par coquetterie gothique. Les gens chuchotaient dans son dos que c'était une horrible maladie. Lui, ça le faisait marrer. Déjà ses tifs, ils poussaient filasse et ils montaient à l'assaut de son crâne comme des cordes d'alpiniste passées par-dessus le Spitzberg, mais en plus, avec ses ongles de yeti… Ça devait jaser dans les jurys de thèse…

Alors voilà, les deux inséparables dans la même photo, le skin et la touffe.

Deleuze et Foucault, les Tif et Tondu de la philo 68…

Travaux pratiques deleuziens

Pour Deleuze, la pensée est expérience de vie plutôt que de raison. Tout philosophe deleuzien est donc d'abord un expérimentateur, qui *machine* (selon son expression) sans planification préalable et jamais sur une matière meuble et passive.

Le lecteur aura par conséquent compris qu'il n'y a de philosophie deleuzienne que lorsqu'elle est pleinement expérimentale, quand elle se transforme en travaux pratiques.

Voilà pourquoi il n'était pas possible de faire un cours théorique sur sa philosophie, car cette dernière n'est rien d'autre que travaux pratiques.

Et c'est pourquoi il n'est pas non plus possible de proposer des travaux pratiques deleuziens, car ils prendraient la forme de cours théorique.

Désolé.

Leçon n° 32

Mohamed X, faussaire baudelairien

Cours théorique

Il y a des gens, la vie n'a pas été commode avec eux, et elle ne leur a guère donné le loisir d'apprendre à lire, à écrire, et encore moins à lire et à écrire de la philosophie. Fussent-ils nés dans une autre famille, en un autre temps, qu'ils eussent pu faire œuvre philosophique, mais manque de pot, ils sont nés avec un poing dans la gueule à la place d'une cuillère en argent, mais ça ne leur retire pas le droit à un instant philosophique, à défaut d'une œuvre. Le Mohamed X que je vais te présenter incessamment est de ces types dont la vie a été foudroyée philosophiquement, et elle le fut par la rencontre avec Baudelaire.

C'est un peu comme l'art brut. Mon idée à moi, si tant est que je suis foutu d'en avoir une, c'est qu'il doit bien y avoir de la philosophie brute. Brute comme brute de décoffrage, brute comme brute épaisse. Car il y a toute une palanquée de bonshommes et de bonnes femmes qui d'un coup se sont retrouvés les paupières déchirées par la toute-présence du monde, la crudité du réel, sa vacharde beauté, sa très glandilleuse énigme, et ça leur a donné envie d'en découdre avec tous ceux qui nous font croire qu'il y a plus urgent à faire que vivre absolument. Seulement voilà, les mots de l'université leur manquent, à ces philosophes bruts, et le loisir d'écrire itou, tout comme il a manqué aux bricoleurs de l'art brut des études aux beaux-arts, des jolis tubes de gouache, des galeristes et de la clientèle *hype and arty*. Mais rien à foutre, mes brutistes, sauvageons esthètes en fabuloserie, font les poubelles de la vie, recyclent des pratiques quotidiennes et les élèvent au rang d'actes philosophiques. Et voilà pourquoi même les mauvais garçons peuvent se stupéfier à grands coups de philo. Voilà pourquoi je veux te causer d'un grand philosophe méconnu, Mohamed X, un Algéro-Libyen inculpé d'actes de torture et de tentative d'homicide avec barbarie, et converti au Grand Réel par Baudelaire.

Les schmitts s'étaient donnés du mal avec Momo, quand ils l'avaient grippé dans le petit matin bleu après avoir explosé la porte de l'appartement et pénétré à huit dans le petit deux-pièces, rapport à sa daronne qui occupait à elle seule, rien qu'avec ses nibards et son joufflu, une pièce et demie, ce qui explique pourquoi, quand la petite douzaine de condés voulut entrer en force, la puissance de la loi fut envoyée valdinguer par les masses de chairs rebondies et parfumées au safran de la mère à Mohamed et il fallut donner l'assaut à plusieurs reprises, contourner les amoncellements de pulpe florissante et saine, la bonne viande frémissante et chaude et satinée et dorée comme de la semoule, mais tout ça, en vain, parce que les flics épuisés, submergés, noyés sous les excroissances rondes et grasses, suffoquant, tapant dedans pour être renvoyés dans le couloir ou collés contre les murs, demandaient grâce tandis que la mère, offusquée que tant d'hommes conduisissent un assaut sur ses chairs mais n'en entreprissent pas l'escalade, la mère – qui cependant se savait encore belle dans sa grande djellaba qui claquait sur ses flancs comme une voile sur le plat-bord d'un navire perdu dans une tempête en furie –, la mère, re-donc, s'offusquait des timidités amoureuses de la maréchaussée et traitait les agents de la force publique de bande de sales petits pédés qui n'y connaissent rien aux femmes, aux vraies, aux belles, aux grasses.

Mohamed X n'appréciait guère qu'on manquât d'égards à sa mère. Sa peine purgée, il entreprit de se venger du divisionnaire malpropre qui avait bousculé sa génitrice et le filocha des semaines durant. Dans sa cervelle envapée de toxico déjà bien émiettée par une schizophrénie rampante, il caressait le projet de lui baluchonner son lardon pour le rançonner – programme compliqué car l'inspecteur n'avait pas d'enfant. Qu'à cela ne tienne ! Mohamed, tenace comme un morbaque crampé au cul d'une Ukrainienne dans son C10, parvint à pister un neveu dudit condé auquel il était très lié et qui commençait une brillante carrière de soliste au piano. Un soir donc, Mohamed chopa le petit Mozart en herbe à la sortie du conservatoire, lui scotcha la gueule au chatterton, le balança dans une cave de la banlieue nord et là, armé d'un couteau de plongée à dents de scie, lui découpa quatre doigts de la main droite.

Au procès, Mohamed, confortablement calé sur son banc d'accusé, était comme au spectacle. Il riait de bon cœur à la vue de la tronche livide du jeune soliste pleurant en silence – car le classique, c'est bien connu, est une musique de pédés. Aux Baumettes, Mohamed fut rattrapé par quelques autres affaires, et la durée de sa détention s'allongeait au fil des révélations. Une année révolue lui en offrait deux autres à venir. Mais il ne s'en plaignait guère car il avait infiniment de reconnaissance pour l'institution carcérale et bénissait chaque jour les quatre murs où il croupissait : Momo devait tout à la zonzon. Elle lui avait tout apporté : carnet d'adresses, fric grâce aux deals, shit, coke et héro en abondance et pas coupée comme on la livre dehors aux Gaulois et aux bourgeois, reconnaissance dans le quartier pour ses œuvres sociales, nourriture équilibrée, sport et école. Il n'avait rien eu de tout cela de toute sa vie, Mohamed, ayant quitté un bled dans le sud de la Libye péquenaude et archaïque où il courait encore au cul des chamelles de son père à l'âge de douze ans, débarqué dans la banlieue nord dont il ne connaissait ni la langue ni les us, et battu par son piccolo de beau-père, prolo le jour sur les aires d'autoroute, proxo la nuit sur les arrêts d'icelles. Son premier panier de basket, Mohamed le vit à treize ans, dans son foyer de jeunes délinquants. C'est là où il mangea pour la première fois de sa vie trois repas par jour, où on lui soigna ses dents pourries et son glaucome à l'œil droit. Et puis il y avait les assistantes sociales. Des femmes, lui, il n'en avait vu que sous la tente de son Bédouin de père, saucissonnées, voilées, niqabées, muettes et soumises. Mais ici, dans les bureaux, c'étaient des femmes fardées aux cheveux libres, belles, avec des nichons souples et moelleux toujours en baguenaude dans leurs chemisiers putamment échancrés. Elles sentaient bon, lui parlaient doucement, ne le giflaient jamais et lui donnaient des rudiments d'instruction. Elles lui apprirent à tenir une fourchette. Et un stylo.

Lorsque je le rencontrai pour la première fois, Mohamed sortait de quelques longues semaines au mitard pour avoir ébouillanté son cocellulaire au motif qu'il lui demandait une cigarette. C'était un petit homme chétif, à la voix douce qui se plaignait à longueur de journée que les douches soient trop chaudes et que son ex lui ait volé sa voiture pour y foutre un macchabée à l'arrière sans qu'il en fût jamais informé (« Ah les femmes ! les femmes ! » disait-il avec des trémolos cocasses en dodelinant, bonasse, sa tête de piaf comme s'il jouait un cocu dans une pièce de Courteline). À l'époque, je m'échinais à faire de la philo avec mes lascars et je doublais cette activité par la rédaction, avec eux, de scénarios séquencés de courts métrages. Je bossais avec une assoce de réinsertion par l'audiovisuel, et je devais les mettre en gamberge, leur décrasser les boyaux de la tête, les familiariser avec la narration. Là-dessus, Mohamed déboule, mandé par la direction pour occuper la place d'un précédent stagiaire batave transféré sur la prison de Loos. La culture filmique de Mohamed s'arrêtait à Chuck Norris, et au niveau scénar, elle dépassait difficilement les propositions narratives de Marc Dorcel.

Quand Mohamed fut placé sur mon chantier, j'avais déjà quelques séances au compteur. Et, au fur et à mesure du boulot avec mes clampins, j'avais découvert que les exercices d'écriture auxquels je les soumettais déclenchaient des résultats inattendus. Je ne parvenais guère à faire d'eux des futurs Renoir ou des George Lucas en herbe, mais la discipline et l'effort que l'écriture requiert leur permirent peu à peu de produire quelque chose, et de le produire ensemble. Peu importait au fond que le scénario qu'ils avaient élaboré eût du sens cinématographique. En revanche, ce qui comptait, à leurs yeux comme aux miens, c'était qu'ils allaient puiser à la source noire de l'écriture quelque chose qui les débordait, qui les travaillait et qui se posait là, sur la feuille, sans qu'ils comprissent d'où cela venait et pourquoi cela venait. Pour tous ces mecs, incapables de concentration, n'ayant jamais bossé un quart de poil de seconde de toute leur vie, bannis de la sphère de la production, lumpenprolétaires au sens où l'entend Marx, vomis par la société, pour tous ces mecs, l'écriture autorisait pour la première fois l'expérience de la production.

Tout homme, depuis qu'il fait courir ses paluches sur les tablettes d'argile gratouillées par les scribouillards d'Hammourabi jusqu'à l'écran du distributeur de biftons qui lui demande à tapoter son code, tout homme sait écrire. Il n'est pas question de dire que tout homme est écrivain, pas même lecteur, mais tout un chacun est sans cesse écriveur – et même les plus branleurs faignassons antiscolaires encabanés à l'ombre qui s'épuisent les gobilles sur les textos des téléphones portables balancés par-dessus le mur de promenade.

Ceux-là, comme les autres, appuient sur des touches avec leurs doigts, et tracent ainsi des caractères et font parler ces dessins. Et à l'autre bout de la ville, ou du quartier de détention, ou de l'Europe, d'autres déchiffrent ces caractères, et, par les yeux, écoutent. Tous savent faire parler les dessins et écouter avec les yeux. Deux milliards d'abonnements à des téléphones cellulaires, ça fait une somme de textos qui se baladent de satellites en satellites. Cela suffit pour savoir lire et écrire. Or voilà : même aux hommes les plus éloignés de la production et du monde social du travail – comme lieu de socialisation et d'exploitation –, même à ceux-là, marginaux crapoteux en tifs épissés, déchicotés et sentant la pisse, la rue et les nuits dehors, toxicos passant du jaune au vert au gré des hépatites, bandits losers rabiaudant le roman de leur pauvre vie sans loi ni toit, psychiatrisés cachetonnant à tour de fiole, squatters sur la déglingue, tous, tous écrivent et ne cessent d'écrire, à leur insu même, depuis des années. Ils écrivent sur leur téléphone, sur les écrans des tirettes à pognon, contre les murs des chiottes, sur le papier de cantine en prison, à la caisse d'allocs pour récupérer trois francs six sous. Même le gitan illettré va chez le bouzilleur avec trois mots sur un bout de papier, le prénom de sa fille, de sa marmite, de sa mère, est-ce que je sais, moi? et un motif tortillonné chichiteux baroco-kitschoune qu'il va se faire tatouer sur le gras du bras. Même les illettrés de la pire espèce, qui se foulent un poignet rien qu'à l'idée d'ouvrir un bouquin, même eux sont dans l'écriture primordiale, à dessiner sur les talons de chèque les silhouettes de ce qu'ils ont acheté, à gribouiller une signature qui n'est qu'un gros crobard d'eux-mêmes. Et on pourra tout leur retirer, à tous ces en dehors, on pourra tout leur refuser, leur refuser toute compétence négociable sur « le marché de l'emploi », on pourra même leur arracher la dignité, mais on n'arrivera jamais, jamais, à leur arracher ce qui fait corps avec leur pauvre dérive depuis des décennies, et qui fait corps avec tout homme depuis cinq mille ans : le savoir-écrire.

Mais fi de ce foin-foin spéculeux vasouillard ! Laissons cela à Lyotard et à tous les derrideurs de littérature... Et retour à Mohamed, le ci-devant boucher des petits Mozart. Un beau jour, recta, sans prévenir, le voilà qui balance :

« J'ai découvert la poésie en prison. Au mitard, pour être précis. J'avais pris trente jours. Au mitard, à l'époque tu n'avais rien. Un plat-bord en ciment, un matelas mousse posé dessus, une seule couvrante. Un trou pour chier. Au-dessus, un robinet d'eau froide pour écluser ta merde et pour y boire quand tu avais soif. Un trou pour la lumière à deux mètres cinquante. Rien d'autre. Quand je suis entré, le mec avant moi avait laissé *Les Fleurs du mal*. J'avais rien d'autre à faire, pendant ces trente jours, que le lire. Je l'ai lu et relu, j'en ai appris des pages par cœur.

– Ça t'a donné envie d'écrire ? »

Il a eu un petit rire amer.

« Au contraire. Jamais je pouvais écrire après lui. C'était trop fort. Mais à l'époque, j'étais amoureux d'une fille dehors, et je voulais la séduire.

– Comment t'as fait alors ? Tu lui as recopié des poèmes de Baudelaire ?

– Non. J'ai pris les meilleurs morceaux des poésies les plus belles, et j'ai fait des découpages et ça a donné une poésie rien que pour elle.

– C'est pas des manières », j'ai tiqué.

Il s'est assombri. On le jugeait, encore.

« Et alors... C'est pas du vol, c'est de l'emprunt. »

J'ai maugréé, bougon, en pensant à l'ouvrage de Baudelaire, dépecé et qui avait dû finir à la poubelle ou émietté en papier chiottes au mitard.

« T'as quand même défait tout un bouquin, avec ton petit jeu.

– Et alors, si j'ai refait de la littérature avec les bouts? »

J'ai pas su quoi répondre. Il a éclaté de rire. Le bougre s'en donnait à cœur joie avec les mots, en se contrefoutant allégrement de savoir ce qu'il faisait et pourquoi il le faisait. Mohamed était dans les basses-fosses de l'existence depuis sa naissance, et il dormait au ventre des charognes. Mais voilà qu'au contact de Baudelaire, la vulgarité de son existence était portée à l'incandescence. Avant, il cherchait l'or du temps au fond des banques, dans les bracos et les deals misérables. Depuis sa rencontre avec Baudelaire, il volait de la poésie, sans vergogne ni retenue, triturait des textes, labourait le champ glorieux de la littérature avec des socs rouillés, renversait les clôtures et hantait à la nuit ses bords pour y voler ses plus beaux épis et se les fichait au chapeau, ou les piétinait joyeusement sur le chemin. Les tristes se plaindront qu'à cause de lui, on ne respecte plus la propriété intellectuelle. « Rien à battre, répondrait-il, la vie intellectuelle commence précisément là où meurt la propriété. »

Travaux pratiques

Mets-toi à l'écriture en commençant par désacraliser le rapport à la littérature.

En cassant sa gueule à cette double imposture qui s'appelle le génie et l'expression. On n'écrit pas pour se raconter, et on n'est pas écrivain parce qu'on a du génie. On écrit parce que c'est l'écriture qui commande et qu'on assiste, embarrassé et pantelant, à un processus qui nous échappe. La croyance dans le génie de la littérature n'a qu'une fonction : entraver en nous la puissance de l'écriture et retarder le saut dans le grand bain d'encre.

Commence donc par tenir un journal en n'écrivant aucune phrase qui vienne de toi mais en recopiant des fragments et des passages volés à d'autres, article de presse, cancan de star, roman de gare, texte classique, livre sacré, bédé porno… Puis, chemin faisant, émancipe-toi progressivement de cette pratique du vol à l'étalage jusqu'à ne plus savoir ce qui appartient à toi, ce qui appartient aux autres.

Leçon n° 33

Albert Cossery, le dernier des pharaons

Cours théorique

Albert Cossery... C'est lui, vraiment, qui m'a converti à la philosophie... Je l'ai rencontré. Un électrochoc. Avant j'étais un couillonnet qui suivait des études de philo et voulait les conclure par une thèse. Comme s'il suffisait d'écrire un guide bleu sur l'Égypte pour savoir ce que ça fait de dormir dans la nécropole de Deir el-Bahari, dans le temple aux cent vingt sphinx d'Hatchepsout, *celle dont les kas sont puissants, Horus femelle dont les années reverdissent, première des nobles dames qui s'unit à Amon-Rê.* Mais non... La philo c'est pareil. C'est Albert Cossery, le Mendiant Pharaon, qui m'a conduit à une vie philosophique. Ce type qui recevait des étudiantes dans les mausolées gigantesques du cimetière du Caire, ce type qui leur offrait le thé à l'ombre des immenses tombes aristocratiques et bavardait avec elles d'Henry Miller et d'Albert Camus qu'il avait bien connus, ce type en costume blanc, aux yeux céruléens, ce type les recevait là comme en son palais de marbre et de porphyre, ce type généreux les recevait au cimetière parce qu'il ne possédait... rien... Rien d'autre que sa nonchalance, et son amour de la vie et de la littérature...

À l'époque donc, j'étais champenois le ouikend et pignochais mes études de philo la semaine. Je faisais mon sucré à la fac en oubliant la puissante mise en garde de Sénèque, selon laquelle *la philo enseigne à faire, non à dire*. Mais le samedi-dimanche, c'était relâche auprès de ma blonde qu'il fait bon dormir. Elle tafait en bibliothèque et s'était mise en cheville avec un libraire redoutable que je connaissais depuis tout minot, connu pour inviter du beau monde. Un jour, avec le culot des premiers venus, voilà-t-y pas qu'elle décroche le bigophone pour la maison Losfeld :

« Allô, bonjour, qu'elle demande de sa voix où pétillent les sourires, est-ce que monsieur Cossery voudrait pas nous rendre visite ? Pour causer de ses bouquins ? »

Comme ça, elle demande !... Qui peut résister à une telle candeur décidée ? Ni moi ni la maison Losfeld.

« Ah ben c'est parfait. Samedi. D'accord. Merci. »

Comme ça, je te dis !... Incroyable, elle est, cette loupiotte... Et moi, bien sûr, j'y suis allé. Mais de Cossery je connaissais que pouic. Jamais j'avais lu l'homme, et crasseux plouc, pas même je connaissais l'œuvre. Mais bon..., j'y vais, je me cale en fond de salle, près du radiateur en attendant que ça vienne.

Et voilà que c'est venu.

Cossery a déboulé. Ou plus exactement, d'abord il y a eu un nimbe bleuté, un brouillard de mille et une nuits duquel allaient sortir mille et un djinns. Une odeur de tripot et de fumerie d'opium. Et dans ce brouillard, on distinguait une silhouette, fine et émaciée. La silhouette s'est avancée doucement dans la salle. Un renard en costume de lin blanc cassé, avec une mastarde goldiche au bord des lèvres, à la Humphrey Bogart. Un panama dans les mêmes teintes. Un renard aux yeux turquoise, et une pochette assortie à son regard. Il s'est assis avec une lenteur pharaonique, sans autre bruit que le froissement de ses étoffes. Cette lenteur, ce n'était pas de la vieillerie – même s'il avait déjà bien ses soixante-quinze piges au jus –, mais plutôt de la munificence. Ce type se déplaçait dans cette bibliothèque de banlieue pour la première fois de sa vie, mais avec la grâce évidente de celui qui se sait chez lui. Il y évoluait avec une nonchalance princière. Alors j'ai compris que pour Cossery, où qu'il aille, le monde était son palais.

Ma compagne l'a présenté à la salle. Il l'écoutait à peine, je le voyais bien à travers les brumes des cigarettes, il l'écoutait à peine mais il la contemplait de ses yeux profonds, il buvait sa présence, il l'enveloppait d'attention. Elle, elle continuait son blabla, s'adressant au public, avec toujours l'aisance que je lui connaissais, mais ses joues s'empourpraient. Lui, fennec immobile, la tête délicatement penchée, il jouait avec la bordure de son panama posé sur la table, devant lui. Et elle, rougissante, émue, elle était en train de succomber à un vieillard à tête de faucon qui aurait pu être son grand-père, et qui ne lui avait pas encore dit un seul mot. J'étais trop estomaqué pour être jaloux, trop admiratif pour être emporté par des sentiments possessifs. Si Cossery la tourneboulait, je ne devais m'en prendre qu'à moi, et à la faiblesse de mon charisme comparé au sien. J'avais tout à apprendre de lui.

L'auteur de *Mendiants et orgueilleux* parla donc toute la soirée, d'un filet de voix rocailleux et hésitant – le crabe devait commencer à lui grignoter la gargue –, prenant le temps de réfléchir, de fumer, de sourire mystérieusement. Il bougeait à peine, s'économisait comme un mistigri au soleil. Il parla longuement des sept livres qu'il avait écrits en soixante-dix ans de vie, de sa jeunesse égyptienne. Du fait qu'il s'interdisait plus d'une phrase par jour, afin qu'elle soit toujours soignée. De ses héros, des gens de peu, des pauvres, des criminels, des ratés de la vie sociale, oubliés même de Dieu, mais admirables d'orgueil, méprisant souverainement les pouvoirs et les biens, par-delà bien et mal, infiniment heureux, ayant préféré la sérénité à l'ambition.

Ça m'a mis une baffe maousse, son baratin, à Cossery. J'ai vu les étoiles en fond de salle comme s'il m'avait claqué dans les cordes. Les couleurs du décor ont fondu, les reliefs aussi. J'étais groggy et merdeux, azimuté… Moi, le roquet suffisant à la fac, m'éternisant sur une thèse verbeuse et chichiteuse, j'enfilais des mots comme des perles. J'en faisais des tonnes. Je cultivais les manières des jeunes doctes chiantissimes. On ne me reconnaissait plus. Je me gonflais d'importance au fur et à mesure que ma thèse s'alourdissait de pinailleuses références… Ah, il était loin le petit giton entré en fac comme on plonge en apnée, tout estourbi par la présence radieuse et terrifique des choses !... La thèse m'avait fait tourner bourrique et casaque... Je me rêvais déjà parvenu à des destins intellectuels... Des mètres linéaires d'ouvrages pointus et imbitables avec mon blaze sur la tranche... Des papiers à en-tête : « Philosophe »... « Maître de conférences »... « Chargé de cours »... Blindé en métaphysique... Couillu en esthétique... Je me voyais en donner, des leçons de philo, moi, et des pétulantes encore, baroques, fantasques, obscures, absconses tout ce qu'il fallait, bavassant une marmelasse de mots-méduses, en dégueulant des pleines soupières sur les premiers rangs... Et des sommes, que j'écrirais !... Des génocides de forêts rien que pour moi, à cause des volumes canoniques que j'éditerais !... Je me berlurais déjà en spécialiste pointu et chiant des questions d'alchimie et de littérature, avec une bibliographie longue comme une généalogie d'Ancien Testament... Écrivain. Auteur. Philosophe. Auteur de Livres de Philosophie. Mes médailles. Ma revanche.

Et là, devant moi, Cossery... Une phrase par jour...

La même chambre d'hôtel depuis un demi-siècle... Les cafés noirs serrés en terrasse... L'après-midi pour les boire... Minéral comme un sphinx débarrassé d'Œdipe et de ses devinettes à la con. Écrire peu. Réduire la belle cruauté du monde à une goutte d'encre, noire de joie féroce... Une phrase par jour... Et tout l'or du monde contenu dans la noirceur de ce peu d'encre-là...

J'étais vraiment le dernier des cons.

Cossery faisait l'apologie de la paresse. Un homme lui demanda pourquoi il écrivait. Il répondit qu'il prenait la plume pour que ses lecteurs cessent de se lever le matin et n'aillent plus au travail. L'homme insista et lui posa la fatale question :

« En ce cas, pourquoi écrivez-vous vous-même ? Vous pourriez ne rien faire non plus. »

Alors Albert Cossery a sorti lentement une cigarette. Il a pris le temps de l'allumer, a tiré dessus une longue taffe sensuelle et s'est drapé dans la fumée bleue jusqu'à n'être plus qu'un mirage dans le désert. Il a eu ce petit sourire séducteur et embarrassé, a détourné la tête et dans un souffle a répondu :

« SOS... *Save Our Soul*... Sauvez nos âmes... J'écris pour sauver les âmes. »

Cossery, le dernier des Pharaons. Mon maître.

Travaux pratiques

Ferme ce livre. Sors dans la rue, respire les odeurs de croissants chauds si tu es citadin et matinal, celle de la terre que tu foules si tu es champêtre et vespéral. Sur une longue expiration, contemple une dernière fois le monde en bête de labeur... Et puis inspire vivement, et dans cette inspiration, redresse-toi enfin, orgueilleusement. Et promets-toi qu'à compter de ce jour, tu n'iras plus jamais travailler.

Table

Ce 322e titre du Dilettante a été achevé d'imprimer à 4 444 exemplaires le 6 mars 2013 par l'Imprimerie Floch à Mayenne (Mayenne). Il a été tiré, en outre, 13 exemplaires sur vélin pur chiffon, numérotés à la main. L'ensemble de ces exemplaires constitue l'édition originale de « 33 leçons de philosophie par et pour les mauvais garçons », d'Alain Guyard.

Dépôt légal : 1er trimestre 2013
(84395)
Imprimé en France